कैलाश वाजपेयी

प्रतिनिधि कविताएँ

चयन एवं सम्पादन

ओम निश्चल

राजकमल पेपरबैक्स

राजकमल पेपरबैक्स में
पहला संस्करण : 2024

राजकमल पेपरबैक्स : उत्कृष्ट साहित्य के जनसुलभ संस्करण

राजकमल प्रकाशन प्रा. लि.
1-बी, नेताजी सुभाष मार्ग, दरियागंज
नई दिल्ली-110 002
द्वारा प्रकाशित

शाखाएँ : अशोक राजपथ, साइंस कॉलेज के सामने, पटना-800 006
पहली मंजिल, दरबारी बिल्डिंग, महात्मा गांधी मार्ग, प्रयागराज-211 001
1, अनमोल सोराबजी संतुक लेन, धोबी तलाव, मरीन लाइंस, मुम्बई-400 002

वेबसाइट : www.rajkamalprakashan.com
ई-मेल : info@rajkamalprakashan.com

विकास कम्प्यूटर एंड प्रिंटर्स
ट्रॉनिका सिटी-201 102
द्वारा मुद्रित

मूल्य : ₹199

PRATINIDHI KAVITAYEIN
Representative Poems of Kailash Vajpeyi
Edited by Om Nishchal

ISBN : 978-93-6086-428-6

कैलाश वाजपेयी

कैलाश वाजपेयी का जन्म 11 नवम्बर, 1936 को हमीरपुर, उत्तर प्रदेश में हुआ। उन्होंने लखनऊ विश्वविद्यालय से एम.ए. किया और पी-एच.डी. की उपाधि हासिल की। 1960 में बॉम्बे में टाइम्स ऑफ इंडिया समूह की साहित्यिक हिन्दी पत्रिका 'सारिका' के प्रकाशन प्रभारी के रूप में अपना कैरियर शुरू किया। उसके बाद लम्बे समय तक दिल्ली विश्वविद्यालय के शिवाजी कॉलेज व मोतीलाल नेहरू कॉलेज में अध्यापन करते रहे। 1973 से 1976 तक मैक्सिको के एल कोलेजियो द मेक्सिको में विजिटिंग प्रोफ़ेसर रहे। तदुपरान्त 1976 के मध्य से 1977 के शुरू तक अमेरिका के डैलस विश्वविद्यालय में एडजंक्ट प्रोफ़ेसर के पद पर रहे।

उनकी प्रमुख पुस्तकें हैं—'संक्रान्त', 'देहान्त से हटकर', 'तीसरा अँधेरा', 'एल आरबोल दे कार्ने', 'बियॉण्ड द सेल्फ़', 'महास्वप्न का मध्यान्तर', 'सूफ़ीनामा', 'भविष्य घट रहा है', 'हवा में हस्ताक्षर', 'हंस अकेला' (कविता-संग्रह); 'पोयट्री टुडे', 'विज़ंस एंड मिथ्स', 'एन एंथोलॉजी ऑफ़ मॉडर्न हिन्दी पोएट्री' (भारतीय कविता के सम्पादित-अनूदित संकलन); 'युवा संन्यासी' (नाटक); 'समाज दर्शन और आदमी', 'आधुनिकता का उत्तरोत्तर', 'शब्द संसार', 'अनहद', 'है कुछ दीखे और' (निबन्ध-संग्रह); 'पृथ्वी का कृष्णपक्ष', 'डूबा-सा अनडूबा तारा' (काव्यात्मक आख्यान); 'आधुनिक हिन्दी कविता में शिल्प' (शोध-प्रबन्ध); 'साइंस ऑफ मंत्राज़', 'मंत्राज़ पालाबराज दे पोदेर' (रहस्य-विज्ञान); 'एस्ट्रोकाम्बीनेशन्स' (खगोल-शास्त्र); 'भीतर भी ईश्वर', 'कवि के कथानक' (आख्यायिकाएँ)।

'हवा में हस्ताक्षर' के लिए उन्हें 'साहित्य अकादेमी पुरस्कार' से पुरस्कृत किया गया। इसके अलावा वे हिन्दी अकादमी (दिल्ली), 'एस.एस. मिलेनियम अवार्ड', 'व्यास सम्मान' समेत कई सम्मानों से सम्मानित हैं।

1 अप्रैल, 2015 को दिल्ली में उनका निधन हुआ।

ई-मेल : ananya.vajpeyi@gmail.com

कवि की सहधर्मिणी
डॉ. रूपा वाजपेयी की
पुण्य-स्मृति को
समर्पित

जीवन और कविता

अपने पाठ और पाठ्यबल में कविवर कैलाश वाजपेयी हमेशा अद्वितीय रहे। 'संक्रान्त', 'तीसरा अँधेरा', 'देहान्त से हट कर', 'महास्वप्न का मध्यान्तर', 'भविष्य घट रहा है', 'सूफ़ीनामा', 'हवा में हस्ताक्षर', 'डूबा-सा अनडूबा तारा' और 'हंस अकेला' तक उनके काव्य का प्रशस्त पाठ हमारे सामने है। गद्य, पद्य, प्राच्य-पाश्चात्य-पौर्वात्य के उनके अकूत पठन-पाठन ने उनके चित्त को बहुविध मानव-संस्कृतियों की विशिष्टताओं के साथ आह्लादित किया है। उनके कंठ से निकली हुई आवाज़ एक मंत्र-पाठ जैसा सुकून और प्रभाव पैदा करती थी। उनके गीत का स्वर हवा को चीर कर बहता हुआ प्रतीत होता था... बिलकुल 'हवा में हस्ताक्षर' जैसा। उनका आलाप कविता और गीत में संगीत के किसी अलक्षित प्रभाव का नियामक लगता था। वे होते थे तो एक साथ वर्तमान, भूत और भविष्य में विचरण करते थे। उनकी कविताओं का शुरुआती मोहभंग कैसे उनके चिन्तन की वैष्णवता में समाहित होता हुआ युगपत् प्रवाह का हिस्सा बनता गया है, उनके समकालीन इसके साक्षी हैं।

हमीरपुर, उ.प्र. में 11 नवम्बर, 1936 में जन्मे एवं पृथ्वीखेड़ा, उन्नाव के निवासी कैलाश वाजपेयी की शुरुआती शिक्षा स्थानीय संस्कृत पाठशाला में हुई। उनका गाँव गढ़ाकोला से महज 3 किलोमीटर पर है। महावीर प्रसाद द्विवेदी, निराला, रामविलास शर्मा और शिवमंगल सिंह 'सुमन' जैसी विभूतियाँ इसी इलाक़े में जन्मीं। कैलाश जी का ननिहाल साहित्य-संस्कृति की दृष्टि से बहुत समृद्ध था। लखनऊ विश्वविद्यालय

से उन्होंने हिन्दी में एम.ए., पी-एच.डी. की। पी-एच.डी. में उनके शोध का विषय था, 'आधुनिक हिन्दी कविता में शिल्प' जो बाद में प्रकाशित भी हुआ। पी-एच.डी. करने के बाद या तो प्राय: लोग वहीं के विश्वविद्यालय या कॉलेजों में कहीं पढ़ाने लगते हैं या किसी अन्य जीविका से सम्बद्ध हो जाते हैं। पर वहाँ यह अवसर कैलाश जी को न मिला। 1954 में लखनऊ विश्वविद्यालय छात्रसंघ की एक कविता प्रतियोगिता में अपनी कविता के सर्वश्रेष्ठ घोषित होने से वे चर्चा में आ चुके थे जो बाद में 'धर्मयुग' में भी छपी। इसके बाद वे एक बार कवि सम्मेलन के बुलावे पर मुम्बई गए और वहाँ रमा जैन जी के आग्रह पर 'टाइम्स ऑफ़ इंडिया' में नौकरी शुरू की। पर बहुत दिनों तक वे मुम्बई में नहीं रम सके। जल्दी ही लखनऊ लौटना पड़ा जहाँ से वे रघुवीर सहाय की सलाह पर दिल्ली आए। यहाँ वे कुछ महीने बेकार रहे। उन्हीं दिनों वे सुधी संस्कृतिविद् कपिला वात्स्यायन, अज्ञेय, रघुवीर सहाय, हरिवंश राय 'बच्चन' व अन्य समकालीन लेखकों के सम्पर्क में आए। बाद में शिवाजी व मोतीलाल नेहरू कॉलेज, दिल्ली में अध्यापन करते हुए वे रीडर पद से सेवानिवृत्त हुए।

लखनऊ ने उनके व्यक्तित्व को माँजने में एक महत्त्वपूर्ण भूमिका निभाई। वे लखनऊ की सोहबतों को जब-तब याद करते रहते थे। अपने रहन-सहन, सोच, चिन्तन, मस्ती और बौद्धिकता में कैलाश वाजपेयी जी अपनी मिसाल ख़ुद थे। सच कहा जाए तो उन्हें मुम्बई रहते हुए न मुम्बई रास आई, न दिल्ली रहते हुए दिल्ली। तथापि एक ऊबे हुए नागरिक की तरह वे सत्तर के दशक की शुरुआत में दिल्ली आए और फिर यहीं के होकर रह गए। बीच-बीच में वे रूस, फ्रांस, जर्मनी, स्वीडेन एवं इटली आदि देशों में काव्यपाठ के लिए गए। कुछ दिनों मेक्सिको में विजिटिंग प्रोफ़ेसर भी रहे और अमरीका के डैलेस विश्वविद्यालय में पढ़ाया भी। किन्तु अन्तत: वे लौट-लौटकर दिल्ली आते रहे। वे राजनीति की अनेक शख़्सियतों के भी गहरे सम्पर्क में थे। समानधर्मा लेखकों में उन्हें अज्ञेय, भारती, कुँवर नारायण, कृष्णनारायण कक्कड़, डॉ. देवराज, ठाकुर प्रसाद सिंह सबका अटूट सान्निध्य

और प्यार मिला। लखनऊ, जिन दिनों वहाँ वे पढ़ रहे थे, तमाम बड़े लेखकों और राजनीतिकों का गढ़ हुआ करता था। इन सब दिग्गजों के बीच अपनी विलक्षणता से उन्होंने एक विशिष्ट जगह हासिल की और धीरे-धीरे यह स्पष्ट भी होता गया कि ऐसी प्रतिभा लखनऊ में देर तक टिकने वाली नहीं है।

समय-समय पर कई देशों में उन्हें काव्यपाठ का अवसर मिलता रहा। इससे उन्हें देश-दुनिया के समाज, उनकी औद्योगिक संस्कृतियों को समझने का अवसर मिला। कविता और संगीत का शौक़ कैलाश को बचपन से ही था जो ननिहाल के सुसंस्कृत सान्निध्य में उत्तरोत्तर परवान चढ़ा। बड़े मामा साहित्य के शौक़ीन थे। नाना भी संस्कृतज्ञ और काशी विद्यापीठ, वाराणसी में संस्कृत के शिक्षक थे। दिल्ली आ जाने पर कैलाश वाजपेयी ने साकेत में मनोरम आवास बनवाया जिसमें घुसने पर लगता था जैसे हम किसी संस्कृति, कला, पुरातत्त्व, पुस्तक प्रेमी कवि के घर में हैं। इस घर को उन्होंने व रूपा वाजपेयी ने मिलकर सँवारा था और बेटी अनन्या वाजपेयी ने इसमें अपने वात्सल्य के अनेक रंग भरे।

कैलाश जी साठ में दिल्ली आ गए थे। यहीं उनकी रूपा वाजपेयी से मुलाक़ात हुई और विवाह हुआ। उन दिनों वे दोनों दिल्ली विश्वविद्यालय के युवा अध्यापक थे। दोनों का जीवन परीकथाओं जैसा था। दोनों ने देश-दुनिया की दूरस्थ यात्राएँ साथ-साथ कीं। रूपा वाजपेयी कैलाश की सुंदरता, प्रभावी और मोहक आवाज़ और उनके जादुई व्यक्तित्व के प्रति गहरे आकर्षित थीं।

उनकी कविता-यात्रा बड़े भाई की रहस्यात्मक मृत्यु के संताप से जुड़ी हुई है जिसका असर उन पर बहुत रहा। अपनी कविता पर पड़े प्रभावों को लेकर वे एक बातचीत में कहते हैं कि 'यों तो किसी का नहीं, तथापि शुरू के दिनों में निराला का प्रभाव है, कुछ प्रभाव मुझ पर जॉन ओसबोर्न की पुस्तक 'लुक बैक इन ऐंगर' की कविताओं का भी पड़ा। चाहे वह 'संक्रान्त' हो, 'देहान्त से हटकर' या 'तीसरा अँधेरा'—उस पुस्तक के चिन्तन का प्रभाव अवश्य पड़ा।' वे कहते

हैं, 'आपको एक बार जीवन का बोध हो जाए, समझ में आ जाए तो सहज ही आ जाता है चाहे बुद्ध का प्रभाव हो।' कबीर का प्रभाव हो। मेरे ऊपर बुद्ध का प्रभाव है या फिर उपनिषदों का है। 'ईश्वास्योपनिषद्' कहता है कि यह सारी सम्पदा तुम्हारे भोग के लिए तो है, 'लेकिन इसको तू त्याग-भाव से भोग। किसी दूसरे की सम्पदा पर अधिकार न कर।' वे बताते हैं, 'मैं बहुत ज़्यादा अन्तर्मुखी हूँ। ध्यान की गहराइयों में डूबना, आकर्षित करता है। सूफ़ी विचार भी खींचते हैं मुझे। मैंने बहुत संघर्ष किया पर मुझे अन्ततः यही समझ आया कि इस समाज को बदला नहीं जा सकता।'

उनका पहला संकलन 'संक्रान्त' 1964 में भारतीय ज्ञानपीठ से आया। कविता के साथ संगीत में भी उनकी ख़ासी दिलचस्पी थी। उन दिनों वे बहुत अच्छे गीत लिखा करते थे तथा उनका उतने ही सुमधुर स्वर में पाठ भी किया करते थे। लखनऊ में गीत का अच्छा वातावरण था ही। पाँचवें-छठें दशक के उस दौर में नई कविता के अनेक कवि गीत लिख रहे थे। धर्मवीर भारती, सर्वेश्वर दयाल सक्सेना, रघुवीर सहाय, दुष्यन्त कुमार, केदारनाथ सिंह, नामवर सिंह, रामदरश मिश्र, जगदीश गुप्त आदि। अज्ञेय तो पहले से ही लिख रहे थे। कुँवर नारायण ने भी कई गीत लिखे हैं। बाद में सभी मुक्तछंद की कविता में प्रवृत्त हुए। वह कवि-सम्मेलनों का सुनहरा दौर था। कहते हैं, उनका पाठ नीरज से किसी मायने में कम न होता था। एक बार उनसे मुलाक़ात में मैंने यह चर्चा छेड़ी तथा अनुरोध किया कि वे कुछ गुनगुनाएँ तो उन्होंने अपना चर्चित गीत गाया 'जग सुने न इतना धीरे गा' जिसे सुनकर मन विमुग्ध हो गया।

'संक्रान्त', 'देहान्त से हटकर', 'तीसरा अँधेरा', 'महास्वप्न का मध्यान्तर', 'सूफ़ीनामा', 'पृथ्वी का कृष्ण पक्ष', 'भविष्य घट रहा है', 'हवा में हस्ताक्षर' व 'हंस अकेला' जैसी काव्य-कृतियों के रचयिता और 'आधुनिकता का उत्तरोत्तर', 'शब्द संसार', 'है कुछ, दीखे और' व 'अनहद' जैसी चिन्तनपरक कृतियों व 'युवा संन्यासी' (नाटक) के लेखक कैलाश वाजपेयी का कविता लिखने और सोचने-विचारने का साँचा समकालीनों से अलग है। कविता और चिन्तन के एक

सतत और स्वनिर्मित वातावरण में रहने वाले कैलाश वाजपेयी की कविताओं पर अस्तित्ववाद का एक झीना-सा असर अवश्य दिखता है। निर्वासन, ऊब, अजनबियत और निषेध की जानी-पहचानी शब्दावली से ऐसा आभास होता है किन्तु विचारधाराओं से उनकी अनासक्ति बराबर बनी रही है।

'संक्रान्त' में तत्कालीन राजनीतिक-सामाजिक हालात की तिक्त आक्रोशमयी अभिव्यक्ति मिलती है तो 'देहान्त से हटकर' में अर्थ खोते जाते लोकतंत्र की विफलताओं का भाष्य मिलता है। 'तीसरा अँधेरा'—तीसरी दुनिया के खोखलेपन का ब्यौरा लगता है तो इतिहास से जन्मी सड़ाँध भी इन कविताओं में व्यक्त हुई है।

कैलाश वाजपेयी की चिन्ता ध्वस्त होती जा रही पारिस्थितिकी और पर्यावरण असंतुलन को लेकर रही है जो वध हो रहे वृक्षों, बाँझ हो रही पृथ्वी और क्षीण हो रही नदियों को लेकर थी। वे अकारण नहीं कहते थे कि 'भविष्य घट रहा है।...कपिल के सांख्य का आख़िरी भोजपत्र फँसा फड़फड़ा रहा...अन्त हो रहा या शायद पुनर्जन्म पस्त पड़ी क्रान्ति का।' उनकी कविता भारतीय और पाश्चात्य विचार-सरणियों, आर्ष ग्रंथों, मिथकों और आख्यायिकाओं के विपुल अध्ययन-चिन्तन का परिणाम है। उनकी प्रज्ञा बहुवस्तुस्पर्शिनी है। 'शब्द संसार' और 'अनहद' का विमर्शमय संसार यह बताता है कि वाजपेयी की दिलचस्पी साहित्य के अलावा कितने ही साहित्येतर अनुशासनों में रही है। पूँजीवादी सभ्यता के विकारों, वैश्विक हलचलों, बाज़ारवादी आक्रामकताओं, बर्बरताओं, नस्लवादी स्वार्थपरताओं, नैतिक स्खलनों, अतिरेकों और परिवर्तनों की महीन से महीन कसमसाहट को उनकी कविता में सुना जा सकता है। उनकी कविता में भूखे की भाषा भी है और तृप्तात्म की देशना भी, यही कारण है कि समकाल की रट लगाती आलोचना कैलाश वाजपेयी की कविता में समाए काल-दिक्काल की गहराइयों में उतरने का धीरज नहीं दिखाती, जो लोग उनकी कविताओं को नियतिवादी और अध्यात्मवादी लटके-झटकों का इतिवृत्त-भर मानते हैं, वे भुलावे में हैं। दरअसल उनकी कविता ध्वंस का जयगान नहीं है, सर्जना का

अग्निपथ है। उसके स्फटिक प्रवाह में सामाजिक सरोकार तैरते नहीं दीखते, उसमें तत्त्वचिन्तन की महक है। पृथ्वी के अस्तित्व को बचाने की प्रार्थना है। उनकी कविता आध्यात्मिक, आधिभौतिक और आधिदैविक दुखों से निमज्जित है, जिसे सांख्यकारिका...दुखत्रयाभिधाताज्जिज्ञासा: के आलोक में पढ़ा जा सकता है।

वाजपेयी के सम्मुख बीसवीं शताब्दी का क्षत-विक्षत चेहरा रहा है। 1917 की बोल्शेविक क्रान्ति प्रगतिशील शक्तियों के अभ्युदय का समय है। किन्तु इसी सदी ने दो-दो विश्वयुद्ध देखे। वियतनाम, क्यूबा, इराक की तबाही देखी। अफ्रीकी देशों में पेट और भोजन का समीकरण तय करती आबादी देखी। लेनिनग्राड में एक साथ घेरकर मारे गए हज़ारों रूसी युवाओं को एक ही जगह पर पंक्ति-दर-पंक्ति दफ़्न होते और ढेरों औरतों को चुपचाप आँसू बहाते हुए देखा। इससे भी पहले कन्सेंट्रेशन कैंप में मारे गए यहूदियों के प्रति नफ़रत देखी। जापान को तबाह करने वाली आणविक शक्तियों का अट्टहास देखा। भारत में विभाजन का भयावह दृश्य देखा व दो क़ौमों के बीच नफ़रत की दीवार उठते देखी जो आज भी एक घाव की तरह मनुष्यता पर मौजूद है। भाईचारे का सन्देश देने वाले इसी देश ने 1984 का क़त्लेआम देखा। विश्व-भर में पूँजी व शस्त्रों की होड़ देखी। मनुष्य की निस्सहायता व तनहाई देखी। अनेक देशों को अन्न से ज़्यादा शस्त्र व बारूदों पर बजट निर्धारित करते देखा। इन विडंबनाओं की छाया कैलाश वाजपेयी की कविता में बख़ूबी दिखाई देती है। 'महास्वप्न का मध्यान्तर' में भी ये छायाएँ बख़ूबी दिखती हैं। वैश्विक विक्षोभ की छाया का ज़िक्र उन्होंने 'प्रतिनिधि कविताएँ' के प्रथम संस्करण की भूमिका में किया है।

कैलाश वाजपेयी अपने मिज़ाज में अलग किन्तु परम्पराबोध से सम्पन्न कवि हैं। उन्होंने एक कवि रूप में अपना वरण किया तो इसके पीछे कवियों के साथ आन्तरिकता से प्रतिकृत होना है। जब अज्ञेय कहते थे, 'मैं गाता हूँ अनघ सनातनजयी' तो लगता है कविता एक अविच्छिन्न परम्परा है। महाभारत एक है, व्यास कई। कविता एक है, कवि कई। लोग परम्परा को प्राय: निंदित करते हैं। उसके पिछड़ेपन पर हँसते हैं,

किन्तु कहा गया है कि पुरानी हर चीज़ ख़राब नहीं होती, न नई हर चीज़ अच्छी। अच्छे लोग उनका परीक्षण कर व्यवहार में लाते हैं। कवि-परम्परा की सदियों की यात्रा को निहारता हुआ यह कवि अपनी कविताओं में कहाँ खड़ा है, किन मानवीय मूल्यों के लिए उसने कविता की राह चुनी है, यह देखना उसे सुदीर्घ कवि-परम्परा में आँकना होगा।

कैलाश वाजपेयी भले ही वामपंथी न थे पर विचारों से प्रगतिशील थे। परम्पराओं में उनकी आस्था थी पर जड़ीभूत सोच नहीं। साधु, संतों, दार्शनिकों के बीच उनका उठना-बैठना था। जो बातें परम्परा से मनुष्यता ने सीखी हैं वह सीख कवि भी देता है पर किसी नैतिक प्रतिकथन के रूप में नहीं। अपने जीवन के उत्तरार्ध में वे छोटी कविताएँ लिखने लगे थे। यह सिलसिला 'हवा में हस्ताक्षर' से ही शुरू हो गया था। 'हंस अकेला' में 'डर' कविता में वे धर्म को ज़हर की संज्ञा देते हैं। सच कहें तो जिसने धर्म को अफ़ीम कहा है, कितना सच कहा है। क्योंकि सारी दुनिया में धर्म और नस्ली भेदभाव ने मनुष्यता के सामने अनेक संकट खड़े किए हैं। हमारे देश में ही जो भाईचारा आज़ादी से पहले था, वह विभाजन के बाद उत्तरोत्तर क्षीण होता गया है। हिन्दू-मुसलमानों के बीच दरारें बढ़ी हैं। हिन्दू-ईसाइयों के बीच भेदभाव बढ़ा है। यद्यपि भारत विविधताओं का देश है। विविध धर्मों, जातियों, मतावलम्बियों का देश है। इंसान-इंसान के बीच भेदभाव दूर करने के लिए गांधी ने अपना जीवन न्योछावर कर दिया। उनके प्रार्थना प्रवचनों में हिन्दुओं, मुसलमानों, ईसाइयों, सिखों के लिए एक-सी चिन्ता व्यक्त होती थी। गए दशकों में धर्म पर बहसें ज़्यादा हुई हैं, उसे मानवीय बनाए रखने पर कम। वाजपेयी की 'डर' कविता देखें—

डर से बेख़बर कोई नहीं
क्योंकि डर कोई ख़बर नहीं
मज़हब की एक सिफ़त यह भी है
उस जैसा
कोई ज़हर नहीं।

('हंस अकेला', पृष्ठ 40)

'नवक्रान्ति' कविता परम्परा की इसी सीख का प्रतिफल है :

तुम अगर परिवर्तन के
पक्षधर हो
मिट्टी से शुरू करना
जो बाँझ हो रही है।
धान से शुरू करना
जो गोरे पंजों के
चंगुल में जा रहा।
वृक्षों से शुरू करना...
जिनका वध हो रहा है बेरहमी से।
वायु से शुरू करना
जिनका यौवन रोज़ लुट रहा
यही सब तो हो तुम
अपनी जड़ों की पड़ताल के बिना
क्रान्ति कहाँ?

('हवा में हस्ताक्षर', पृष्ठ 13)

एक सच्चा कवि अपनी परम्परा का सम्मान करता है, उससे अपने लिए जीवन-मूल्य, आचार-विचार आयत्त करता है और अपनी यादगार विरासत नई पीढ़ी को सौंपकर जाना चाहता है। कवि का यह कहना कि अपनी जड़ों की पड़ताल के बिना क्रान्ति कहाँ, अपनी परम्परा से जुड़कर नये प्रस्थान बिंदु की ओर बढ़ चलने का आह्वान है। इस तरह कैलाश वाजपेयी की कविता आत्म के विस्तार की कविता है और उसने मानवीय अन्त:करण को निरन्तर माँजने और परिष्कृत करने का काम किया है।

कैलाश वाजपेयी की कविता जैसे सार्वकालिक है; वह केवल समकालीनता के बोध से पीड़ित नहीं दिखती, वैसे ही उनका चिन्तन इस बात से विमुख नहीं दीखता कि पुरानी चीज़ों में अब कुछ नया नहीं बचा। बल्कि ऐसे चिन्तकों की पीढ़ी समाज से लुप्त हो रही है जो हमारी

ज्ञान-विज्ञान की विरासत को सँभालकर रखे, जीवन के महनीय तत्त्वों को समाहित करने वाले गौरवग्रंथों से विमुख न हो। वाजपेयी ने अपने एक निबन्ध 'कूड़ाघर में तब्दील होता ब्रह्मांड' में यह जताया है कि वे सूचनाओं के सैलाब से नावाक़िफ़ नही हैं। इसीलिए आज के समय को यांत्रिक विकास का चरम चरण मानते हुए वह यह कहना भूल नहीं जाते कि आज ब्रह्मांड में इतने फ़िज़ूल के क्षत-विक्षत उपकरण घूम रहे हैं कि वह ख़ुद एक कूड़ाघर की शक्ल में तब्दील होता जा रहा है। अचरज यही कि तकनीक के उन्नत शिखरों से लोगों को पतन का ढलान वैसा नहीं दीखता जैसा एक कवि को। उनके सारभूत चिन्तन और काव्य-सृजन का प्रतिपाद्य यही है। उनके धुनी कवि व्यक्तित्व में जिस तरह की तटस्थता और निर्वैयक्तिकता साँस लेती थी, वैसा निर्बंध, निस्संग, निर्मल और सूफ़ी कवि-मन कैलाश वाजपेयी के सिवा भला और कौन हो सकता है। कैलाश वाजपेयी इस दुनिया में नहीं हैं, पर उनके शब्द हमारे बीच हमेशा रहेंगे। तमाम दार्शनिक, आध्यात्मिक अभिवृत्तियों के बावजूद उनकी चिन्ताएँ दुनियावी और मानवीय थीं। उनके बारे में सोचते हुए मुझे उनकी 'जन्मफल' शीर्षक कविता की ये पंक्तियाँ अक्सर मनुष्य जाति के लिए एक सनातन सन्देश की तरह लगती हैं—

कहीं भी लड़ाई हो
मुझको लगता है गृहयुद्ध हो रहा है
लोगों से दुख का दान माँगता हूँ
बदले में देकर
चन्दन, कपूर, फूल, धूप, अगरबत्तियाँ
मैं चाहता हूँ
सब पारपत्र जला दिए जाएँ
किसी भी अंकुर का मुरझाना
सार्वजनिक शोक हो
जो आदमी आदमी के बीच खाई हों
ऐसे सब ग्रंथ
अश्लील कहे जाएँ

यह चयन राजकमल प्रकाशन से पहले 1988 में आया था, जिसमें उनके संग्रहों 'संक्रान्त' से 'सूफ़ीनामा' तक की कविताएँ ही शामिल थीं। अब यह 'संक्रान्त' से 'हंस अकेला' तक उनके सभी संग्रहों की श्रेष्ठ कविताओं का एक समावेशी चयन बन गया है। इस चयन में मुझे वाजपेयीजी की सुपुत्री विदुषी डॉ. अनन्या वाजपेयी के परामर्श का भी लाभ मिला है, जिसके लिए मैं उनका हृदय से आभारी हूँ। कहना न होगा कि वाजपेयी की इन कविताओं में पिछली और इस शताब्दी का अनुभव और हलचल-बहुल झीना-झीना चेहरा बख़ूबी पहचाना जा सकता है।

—ओम निश्चल

विश्व हिन्दी दिवस
10 जनवरी, 2024
नई दिल्ली

क्रम

परास्त बुद्धिजीवी का वक्तव्य

न हमारी आँखें हैं आत्मरत
न हमारे होंठों पर शोक गीत
जितना कुछ ऊब सके ऊब लिये
हमें अब किसी भी व्यवस्था में डाल दो
(जी जाएँगे)
ऊर्ध्व संग़मरमर पर लगे हुए छत्ते-सी
यह सारी दुनिया :
जिसे हम न पा सके
हमारी डंक-छिदी देह को नहीं पता
वहाँ कहीं शहद भी होता है
कटे हुए पैरों में
अपनी हर यात्रा लपेटकर
हम रेगिस्तानों-से फैले पड़े हैं
वर्जित हो यों तो अपनी
सुविधा के लिए
रेतीली छाती से पहिये निकाल दो
(जी जाएँगे)
पानी मटमैला है या ख़ाली चेहरा
नहीं पता
बाहर दरारें हैं या फटी आँखों में
नहीं पता

बस इतना याद है बर्फ़ के चाक़ू की तरह प्यार
एक बहुत भद्दा मज़ाक़ था
जो भीतर घाव कर
भीतर पिघल गया
हमें अब न जीवन रविवार है
न बूढ़ी माँ की मृत्यु का समाचार
डोरी से खींचकर लटका दो बाँस पर
(यदि हमें चाहो तो)
गौरवान्वित नहीं होंगे
पढ़े गए रद्दी अख़बार-सा
छितरा दो नंगे फुटपाथ पर
अपमानित न होंगे
चिल्लाती धूप में
बदहवास रात में
कहीं किसी गटर पर
हम खुली पलकों सो जाएँगे
हमें अब किसी भी व्यवस्था में डाल दो
(जी जाएँगे)
क्योंकि निराध्यात्म की सब जगह सड़ाँध है
हर नगर अच्छा है।
क्योंकि हर चेहरे पर
बैठा है 'हायना'
हर मनुष्य सच्चा है।
(हमको अब सब कुछ स्वीकार है)
हमारी परिणति न आत्महत्या है
न जंग लगी हुई आरती
मुरदा इतिहास की पोली मीनार में
हम दो चुम्बकों के बीच स्थिर हैं
बुरा लगे यों भी तो

बाहर घसीटकर
हमको निर्वात में
उछाल दो
जितना कुछ ऊब सके ऊब लिये
हमें अब किसी भी
व्यवस्था में डाल दो
(जी जाएँगे)

मुझे नींद नहीं आती

मेरा आकाश छोटा हो गया है
मुझे नींद नहीं आती
कहाँ हो तुम?
इस विस्तृत परिवार के धड़कते सदस्यो!
मैं तुम्हें आवाज़ देता हूँ
मेरा आकाश छोटा हो गया है मुझे नींद नहीं आती।
यह मेरे माथे पर
जो चोट का निशान है
यह मेरी माँ के घायल मन की पहचान है
बर्फ़ का कम्बल लपेटे
इस पेंचदार खाई में
मैं टूटे पंख-सा भटकता हूँ
नीचे अनय की कीचड़ है,
शीश पर बर्बर इतिहास की ओछी चट्टान है,

कहाँ हो तुम?
इस भरे-पूरे उद्यान के महकते वृक्षो!
क्या सचमुच मेरा स्वर
तुम तक पहुँचता है?
मैं तुम्हें आवाज़ देता हूँ
मेरा आकाश छोटा हो गया है।
मुझे नींद नहीं आती।
तुम, जिनकी आँखों से शंक्वाकार रोशनी निकलती है
तुम, हवा जिनसे दो क़दम पीछे चलती है
तुम, जो धरती से ऊपर, कुछ ऊपर रहते हो
तुम, जो तरुणाई के चौड़े राजमार्ग पर चक्राकार बहते हो?
तुम, जिनसे पूर्व सूर्य कभी नहीं डूबता
तुम, जिनसे जीवन कभी नहीं ऊबता
पार्क की बेंचों, सड़कों, फुटपाथों पर
क्लबों, नृत्यघरों या समुद्री तटों पर
जहाँ कहीं हो तुम—
मैं तुम्हें आवाज़ देता हूँ—
मेरा आकाश छोटा हो गया है—मुझे नींद नहीं आती
कालिदास के श्लोक और
नानक की वाणी
ग़ालिब की ग़ज़लों
सोहनी-महिवाल की कहानी
सूर के पद और शंकर के दर्शन
ढोला-मारू और रवीन्द्र के गुंजन
इन सबकी रक्षा के लिए
मैं तुम्हें आवाज़ देता हूँ—
सुनो—
अविवाहित रह जाने दो बहनों को
अन्धी हो जाने दो राधा को

सुनो सुनो
यह सब कल के लिए छोड़ दो
आज तो बस युद्ध को
नहीं नहीं 'आवश्यक बुराई' को
नीचे से ऊपर तक ओढ़ लो
कहाँ हो तुम इस विस्तृत परिवार के धड़कते सदस्यो!
मैं तुम्हें आवाज़ देता हूँ
मेरा आकाश छोटा हो गया है
मुझे नींद नहीं आती।
कहाँ हो तुम इस भरे-पुरे उद्यान के महकते वृक्षो!
मैं तुम्हें दोबारा आवाज़ नहीं दूँगा
मेरा आकाश छोटा हो गया है।
मुझे नींद नहीं आती।

इतिहासान्त

एक पर एक पर एक
सारे आकर्षण मरते चले गए
हम जिन्हें दर्द का अभिमान था
भद्दी दिनचर्या से
अपने क़ीमती घाव भरते चले गए
हमारा सब अनिर्णीत छूट गया
उस नक्षत्र की तरह जो—
भरी दोपहर में टूट गया।

मांस-वृक्ष

मैं इन सस्ते और ऐयाश लोगों के बीच
जो सिक्के चबाते हैं और
केकड़े की तरह चिपक जाते हैं
रहते-रहते सोचता हूँ—
क्या पड़ी थी ईश्वर को
जो बैठे-बिठाए
मांस के वृक्ष उगाए।

अमसीहा

फटेहाल देश की
अधकचरी भीड़ में नारा लगाता हूँ
पढ़ा था कभी कहीं मसीहा के बारे में
अब ख़ुद भी इस आशा में
कि जयकार गूँजेगी
            समूची देह से चिल्लाता हूँ
            "मैं हूँ निरपेक्ष
जल में तिरते हुए तेल-सा,
एक़दम निरपेक्ष हूँ—"
            अचरज है भीड़ मुझे

पत्थर क्या गालियाँ तक नहीं मारती
हे ईश्वर, क्या करूँ
        अब मैं दोबारा भीड़ भी न हो पाऊँगा।

निःशब्द गूँज

मैं इस व्यस्त अनिश्चित नंगी दुनिया में
कुछ यों हूँ जैसे—निर्वासित हूँ
भीतर ज़िन्दा हूँ लेकिन
भूकम्प धँसा
        घर मेरा पृथ्वी में बन्द हो चुका है
जिस सुरंग में दौड़ रहा हूँ मैं उसका
        द्वार बिच्छुओं-भरे
        कुएँ में खुलता है
जिह्वा के नीले टुकड़ों में ढँकी हुई
        अर्थ नहीं देती मेरी आदिम पीड़ा
अब मेरा अस्तित्व यहाँ कुछ ऐसा है
जैसे ताज़ा कमल
        खौलते पानी में
        मैं...दुनिया में।

राजधानी

चरित्र रिक्त शासक
और संक्रामक सेठों की सड़ाँध से भरी
इस नगरी में
मैं जी रहा हूँ
जी रहा हूँ—जीवन की व्याकृति!
झूठे नारों और ख़ुशहाल सपनों से लदी बैलगाड़ियाँ
वर्षों से 'जनपथ' पर आ-जा रही हैं।
और मेरे भाइयों ने ऊबकर आत्महत्या कर ली है!
दूर बहुत दूर—
किसी घरनुमा घोंसले के ख़ूँख़्वार अँधेरे में
मेरी माँ की धनुषाकार देह
प्रतीक्षा करती है—
कब उसका बाण लौटकर आएगा
कब उसकी कोख
कहलाएगी रत्नगर्भा।
और वर्षों से,
बुद्ध और नीत्शे और मार्क्स और भर्तृहरि और कृष्ण और
कीर्केगार्द की
मुरदा पोशाक पहनकर
मैं राजधानी की सीमेण्टी दूरियों पर घूमता हूँ।
और देखता हूँ बन्द आँखों
कुचले हुए बच्चे, उखड़े लैम्पपोस्ट, गुब्बारा औरतें
औंधी सफ़ेद नावें—
और घूम-घूम जाती हैं 'बसें'—
मरघट और 'मैरेज पार्टियाँ'
सभी जगह भीड़ है।
(ठंडी-अकर्मक-ख़ामोश)

'डिम्पिल' और 'व्हाइट हॉर्स' की बोतलों में बन्द
निर्वीर्य शोहदे
गाते हैं फ़िल्मी मरसिया
और चलती हैं 'राजघाट' पर
लुक-छिपकर प्रणय-लीलाएँ।
वर्षों से दूतावास
थूक देते हैं 'कल्चर' और, थोड़ा और मैली हो जाती है
जुलाहे की झीनी-बीनी चादर।
एक सिल की तरह जैसे गिरी है स्वतंत्रता
और पिचक गया है पूरा देश!
थोड़े-से पेशेवर जुआरी
नहीं-नहीं...सत्ताधारी—
खेलते हैं खेल साँप-सीढ़ी का
सीढ़ियाँ सब उनकी हैं
मुरदों के उपासक
भूख की दरारों में रखकर इतिहास के पत्थर
चढ़ाते चले जाते हैं
योजना का प्लास्टर
और रोज़ जन्म लेता है
और रोज़ दम तोड़ता है
नगर के भीतर
दूसरा कमज़ोर नगर—
चीख़ता चिल्लाता असहाय नगर।
और वे जिन्होंने पहले-बहुत पहले
पाई थी उर्वरा भूमि
सर्वाधिकार—
और मूँदकर आँखें जिन्होंने फेंक दिये थे शब्दों के बीज
वे तुक्कड़-कलाविद्-छन्दकार—
काट रहे हैं फ़सल—!

उनके लिए सब एक हैं
कीचड़ और केंचुए और कमल
जैसे ख़ाली कमरों में।
चलती हुई घड़ियाँ
व्यर्थ हो गए हैं आँसू।
इस क्रमिक हत्या का साक्षी
सामूहिक हत्या का साक्षी
लगता है जैसे क़ुतुब की ऊँचाई पर खड़ा हूँ मैं
मेरे सर पर मँडराती है
मरे हुए भाइयों की भूखी प्रेतात्मा
और भीतर सिसकता है
कुचला हुआ बच्चा
और मीनार
धँस रही है ऊपर आकाश में
कूद मैं सकता नहीं
क्योंकि मेरी माँ को प्रतीक्षा है।
मैं लौटूँगा—
एक दिन अवश्य लौटूँगा!

प्रत्याकांक्षा

मैं तुम्हें
एक पश्चात्ताप या उलझाव
या अपराध बनकर याद आने से
कहीं अच्छा है—

तुम्हारी धूप लिपटी चेतना को
एक जुगनू-सा बिसर जाऊँ
एक जुगनू
जो अँधेरे से अँधेरे तक जिया
जिसे उसकी रोशनी ने
पी लिया!

रागकन्या के लिए

आधी मेरी देह पर ज़हर है समूची शताब्दी का
आधी मेरी देह पर जादू है तेरी आवाज़ का
मैं आधा चेहरा—
पिघले इस्पात की धार में
मैं आधा चेहरा—
सीपिया रात की गोद में
तू मुझे कब, कहाँ, क्या मिली
                    नहीं याद।
ये अक्षर ये लहरें ये जुगनू—
ये सबके सब नहीं रहे तेरे बाद।
वैसे—मैं
पृथ्वी पर काँपती दरार हूँ
स्वयं फट जाकर स्वयं समा जाता हूँ
ध्वनि राख होने के बाद
गुनगुनाता हूँ।
        हवा में उड़ती हुई सुइयाँ

मुझसे हटकर कहीं धँसती हैं
दिशाएँ मुझसे कतराकर रुकती हैं।
पर...मेरे बाद कभी सूर्य नहीं डूबता
प्रतीक्षा करता हुआ गगन नहीं ऊबता
ये तेरे अधउगे सूर्य ले
मैं इन्हें पूरा ब्रह्मांड दिये देता हूँ
ये तेरे अनचूमे होंठ ले
इन्हें प्यास-बोध दिये देता हूँ,
ओ कमल-ढँकी झील
आ मैं तुझे पहली हिलकोर दूँ
आ मेरे होने की शर्त तुझे ओढ़ लूँ
समूची शताब्दी कहीं अलग छोड़ दूँ
कल मुझे फिर कहीं घाव बन जाना है
रेत में काले चिराग़ तैराना है।

भटका हुआ अकेलापन

यह अधनंगी शाम और
यह भटका हुआ
अकेलापन
मैंने फिर घबराकर अपना शीशा तोड़ दिया।

राजमार्ग—कोलाहल—पहिये
काँटेदार रंग गहरे

यंत्र-सभ्यता चूस-चूसकर
फेंके गए अस्त चेहरे
झाग उगलती खुली खिड़कियाँ
सड़े गीत सँकरे ज़ीने
किसी एक कमरे में मुझको
बन्द कर लिया फिर मैंने
यह अधनंगी शाम और
यह चुभता हुआ
अकेलापन
मैंने फिर घबराकर अपना शीशा तोड़ दिया।

झरती भाँप, खाँसता बिस्तर,
चिथड़ा साँसें उबकाई
धक्के देकर मुझे ज़िन्दगी
आख़िर कहाँ गिरा आई
टेढ़ी दीवारों पर चलते
मुरदा सपनों के साये
जैसे कोई हत्यागृह में
रह-रहकर लोरी गाए
यह अधनंगी शाम और
यह टूटा हुआ
अकेलापन
मैंने फिर उकताकर कोई पन्ना मोड़ दिया।

आई याद—खौलते जल में
जैसे बच्चा छूट गिरे।
जैसे जलते हुए मरुस्थल में
तितली का पंख झरे।
चिटख़ गया आकाश

देह टुकड़े-टुकड़े हो बिखर गई
क्षण भर में सौ बार घूमकर
　　　　धरती जैसे ठहर गई
यह अधनंगी शाम और
यह हारा हुआ
अकेलापन
मैंने फिर मणि देकर पाला विषधर छोड़ दिया।

प्यार करता हूँ

माथे की आँच से
डोरा सुलगता है
मोम नहीं गलता
देह बन्द नदिया
उफनाती है
नीली फिर काली फिर श्वेत हो जाती है
दार्शनिक उँगलियों से
चितकबरे फूल नहीं
झरती है राख
असहाय होता हूँ
जब-जब रिक्त होता हूँ
प्यार करता हूँ
वहीं एक सीढ़ी है नीचे उतरकर
दुनिया कहलाने की।
　　　　सागर के नीचे दरार है
　　　　किरन कतराती है

पत्थर सरकाकर
राह निकल जाती है
हवा की चोट से
बाँस झुलस जाता है
हरा-भरा अन्धकार होता हूँ
जब-जब रिक्त होता हूँ
प्यार करता हूँ
वही एक शर्त है
ज़िन्दा रह जाने की।

देहान्त से हटकर

घटने लगी मृत्यु,
स्पन्दन—पर्याय रहा न जीवन का
अपने ही टूटे, फिचे, स्नायु-जाल में
उलझे लिपटे फँसे
तुम कहाँ भागोगे?
कविता के श्मशान से
कुछ करो
मत करो।
एक भी अँधेरा ऐसा नहीं
तुम जहाँ सो सको
चीख़ की भाषा भी हुल्लड़ हो गई
सम्भव रहा नहीं रो सको

आगे यशस्वी धूर्तों के मठ हैं,
पीछे—लम्बा जुलूस अजनबियों का
ऋणात्म प्रतीक्षा की शरशैया पर पड़े
मुश्किल है करवट भी ले सको!
अपने ही ज़हर से
संचालित भीड़ों में
व्यर्थ हैं सारे दावे मंत्र-ज्ञान के
भागोगे कहाँ फिर?
कविता के
श्मशान से!
वे भाग्यवान् थे
सब कुछ नकारकर
कूद गए आग लगा
डूबते जहाज़ में
वे भाग्यवान् थे!
(रास्ते सीधे थे आत्मघात के)
तुम थप्पड़ खाते
टूटे मस्तूल हो
(आसमुद्र)
इस यातुधानी समाज में
मृत/जीवित दोनों ना—
ग्रस्त शिराघात से
बुद्धि शत्रु हो गई
करुणा रही न श्लील
छुटकारा माँगोगे
तब फिर किस तीसरे विधान से
चुप रहो,
मत रहो!

एक नया राष्ट्रगीत

सौ करोड़ से ज़्यादा लिजलिजे पंजे
दलदल में धँसे हुए,
रीढ़ की जगह एक केंचुआ,
मुँह पोला-ख़ाली दो लम्बी दाढ़ें
खड़िया मिट्टी की बनी हुई
रिरियाती आँखों में
पेशेवर धूर्तता!

सिर्फ़ जनक-अंग चुस्त
बाक़ी सब सुस्त, लस्त, रक्षित,
नक्षत्रों, लकीरों की अभेद्य दीवार में
पश्चिम की ओर थूथन उठाए
यह मैं हूँ मैं
बहकर आते हुए मल और कूड़े के इन्तज़ार में!
ख़ाकी उजाले से ढँका मेरा चेहरा
पहचानो!

प्रेम? हं :
मैं नफ़रत के सूत्र से जुड़ा हुआ हूँ
अभी यहाँ मंच पर बड़बड़ कर रहा हूँ
कल किसी गाँव के पैतृक अँधेरे में
क़ै किया चावल खाकर मर रहा हूँ!
दुनिया भर में है अफ़वाह
दिमाग़ कोष्ठबद्ध है
मैं सुलगता हुआ गृहयुद्ध हूँ
क्या फ़र्क़ पड़ता है,
मूर्ख हैं जो कहते हैं

कल मैं मर जाऊँगा
दीमक का वंश
भला कभी मरता है?

कुछ गुत्थमगुत्था मसले थे
मैं जिनकी पीठ पर
छुरा भोंककर भाग आया हूँ
मैं पिछले कई साल से
फ़रार हूँ

काम करने की जगह
बहसें
हड़ताल कर
मैंने व्हिस्की पी है नाक से
फिर भी किसमें हिम्मत है कहे
ग़द्दार हूँ!

ऐसा है, मेरी ज़बान पर एक फोड़ा है
ईंटों का भट्टा
पड़ोस में
आँतों में पल रहे कीड़े हज़ारों
घूम रहा सिर पर
गरम लाल हँसिया
यह एक दम भूलकर
ज़हर, मरे साँप में भी होता है

निश्चिन्त हूँ
गांधी का शिष्य मैं
कोई अनुशासन, क़ानून नहीं मानता

दरअसल
मैं बुरी तरह स्वतंत्र हूँ!

मुझे यह भी चाहिए
मुझे वह भी चाहिए
वह मैं जो नहीं हूँ
मुझको हर हालत में वह दिखना चाहिए।
घेराव डालकर या फिर बात से
बन्द कर लो सारे दरवाज़े तुम
मैं फिर भी ऊपर आ पहुँचूँगा
होकर संडास से!
नाली से नाबदान
पोखर से
मैले तालाब तक
मैं रोज़ सभा पर सभा पर सभा बुला रहा हूँ
कहानी के मेढक-सा
बच्चों को बैल दिखने की होड़ में
लगातार अपना पेट फुला रहा हूँ!

हर सुबह मेरे आसमान पर
उगता है एक
बहुत बड़ा जूता!
'गोल इमारत' की छत से उतरकर
यह जूता चलता है
चलता चला जाता है
सार्वज़निक जीवन में

स्टेशन, डाकघर, टेलीफ़ोन पर
बैंक, यूनिवर्सिटी

बन्दरगाह, बस स्टैंड पर
चल चलाकर शाम तक
किसी कोर्ट में
यह जूता यकायक
गुम हो जाता है
नये छपे नोट में
जादू है न?
जादू—
मैंने बनाए थे बाँध जो
बह गए
फिस्स हो गए कारतूस ऐन वक़्त पर
चला गया कुछ हिस्सा
सप्चे के पेट में
जाए! मैं क्या करूँ?
ख़ास तौर पर जब
कर्तव्य नहीं
विश्वास करता हूँ मैं
केवल अधिकार में
यह भी नहीं पता
दफ़्तर से छुट्टी लेकर
मैं राशन लाऊँगा
या खड़ा हूँगा सिनेमा के टिकिट की क़तार में

दरअसल यह भी एक दाँव है
निर्णय नहीं लेता मैं
मेरे यहाँ कोई ख़ास फ़र्क़ नहीं
ट्रांजिस्टर सुनते हुए धोबी

लेखक

बैरिस्टर
सौदागर या नेता में!
ज़रूर सिर-फिरे रहे होंगे पूर्वज
ख़ुद फाँसी चढ़ गए
छोड़ गए यह ऊबड़-खाबड़ वसीयत
उम्मीद से
क्या सोचते थे वे
इत्र निकालूँगा मैं लीद से?
पूरी जायदाद पर
केसर उगाऊँगा?
रामधुन
गाऊँगा?
वे सचमुच बड़े भोले थे!
उन्हें नहीं ज्ञात था
कुछ ऐसा मर्ज़ है मेरी आँख में
जिसका इलाज
या तो हो सकता है स्वीडन में
या फिर न्यूयॉर्क में!
जो हो अब
बिना किसी शर्म या अफ़सोस के
(गीता में भी कहा है
सुखदुखे समेकृत्वा...)
एक परमहंस-सा
मैं अपने आपको सहला रहा हूँ
यही क्या कम है कि मैं सेंत-मेंत में
पिछले बीस साल से दुनिया का 'महान्' गणतंत्र
कहला रहा हूँ।

विमुक्त-शती के लोगों से

गाली देना
हम पर थूकना
कि पशु-परिस्थितियों के बीच भी
हमने उम्र काट दी हत्या किये बिना!

कि एक़दम बेमानी था
हम सबका कविता में चीख़ना

क्षमा नहीं करना
जब ज्ञात हो
हम सभी
भीतर से तीन थे
जी भी न सकते थे बिना मशीन के
फिर भी ग़मगीन थे।
अपनी कमज़ोरियाँ पुर्जों पर थोपकर
लौट-लौट जाते थे
किसी चरागाह में
कि हम सब उच्छिष्ट थे
मज्झिम निकाय के!

कभी उपराम नहीं हो सके
हँसना कि हम सब
बेहद गँवार थे!
अधुना समझते रहे
अपने आपको
जबकि हम सिर्फ़
सभ्यता की फिहास थे!

पूरे विश्वास से
हम नहीं कूदे
नीतीतरता के
गढ़े में
वरना क्या अन्तर था
ईश्वर या टूटे घड़े में

दरअसल हम बहुत बड़े ढोंगी थे
अपने ज़माने के
नफ़रत भी करते थे सत्ता से
कायल थे
पूँछ भी हिलाने के
यों बुद्धिजीवी थे
घायल थे!

आत्मदया का क्षण

शहर रहते हुए
मैं मर जाऊँगा
दिन गिन रही होगी बीसवीं शताब्दी
न प्राविडेंट फ़ंड
न परिवार
कोई नहीं आएगा बचाने
बचना भी कहाँ चाहूँगा
शहर रहेगा मैं मर जाऊँगा

लोग : जिन्हें लगता हूँ शत्रु
कुछ तब भी होंगे
मूर्ख अनुभव करते हुए
कुछ सगे मेरे
नाटक करेंगे दुख का
ढककर कहेंगे मेरी कमज़ोरियाँ
मैं भी था भला आदमी!

आज के मेरे विक्षोभ
हो चुके होंगे तब शिलाभूत
आहूत हो चुकी होंगी पीढ़ियाँ
सभ्यता चढ़ गई होगी
और कई सीढ़ियाँ
जबकि मैं लपटों में
पता नहीं किसकी तरह खो जाऊँगा!

मेरे शरीर पर कहीं नहीं लिखा मेरा नाम
फिर भी अँधेरा,
मेरी कविताओं का
कौंधेगा मेरे आसपास
कोई नहीं होगा उदास
प्रतिबद्धता विद्रोह प्यार मूर्खता
सबके होते हुए मैं बिखर जाऊँगा

शहर फिर भी होगा
मैं ही मर जाऊँगा!

देश-एक शोकगीत

जो सोच सकते थे
रहे नहीं!
हैं जो
तटस्थ हो चुके हैं वे ऊबकर
(उपरति दो बार कहाँ होती है!)
बेझिझक
अँधेरे में
रौंद रहे हैं जो तेरे कंकाल को

नहीं सोच सकते वे
इसी तरह रौंदते रहेंगे
(रति की मृत्यु नहीं होती है)
इन तमाम
शव-भोगी लोगों के बीच
ओ! मेरे मरे हुए देश
आँसू आ जाते हैं सोचकर,
कल सुबह तेरी
लाश तक पहचानी न जाएगी।

शीतयुद्ध

सबके पास डंक है!
सबको यह ज्ञात है

डसने के बाद
मधुमक्खी मर जाती है।

स्नायुघात

कहीं भी गए बिना
कहे बिना कुछ भी
लगातार—
मैं मर रहा हूँ
मर रहा है एक—संसार!
सब तरफ़ गिलहरियाँ
मुँह खोले अकड़ी पड़ी है
दुनिया
असम्पृक्त होने के बाद
घड़ी लगती है
टिक-टिक करती हुई
मुर्दा कलाई पर!

क्या छूट गया—
टूट, नया क्या बना—
मुझे रहा नहीं झींखना—
सब सपाट कर जानेवाली शताब्दी में
सोचना न सोचना—
क्या माने रखता है
करोड़ों सालों से

अरबों लोगों को
दिये गए धोखे
बन्द हैं दिमाग़ में
एक बार पानी में
एक बार आग में
पैर देने के बाद जैसा होता है
मुझमें कुछ वैसा-वैसा होता है
नमक का दर्द नमक जाने
मैं उऋण हूँ
अँधेरे-उजाले की भाषा में
उँगली के पोरों तक जड़ हूँ
नहीं किसी और के गुनाह की
क्षमा माँगनी है मुझे
पिघले इरादों की
मूर्ख आह की!

× × ×

ख़ून की सनसन के नीचे निस्तेज बियाबान है
और अकेला होते जाने के दौर में
देखा है मैंने
माथे की खोखल में स्याह आग़ है।
नहीं...
एक भीतर घुसता बर्मीनुमा पथरीला झाग है
वहाँ कुछ घटता नहीं
सिर्फ़ कुछ रुकता चला जाता है।
बिना किसी दिक़्क़त के
एक लाल चाक़ू
गोल-गोल घूमकर
घुसता चला जाता है!
सब नफ़रत करते हैं

डरते हैं भीतर के
क़ब्रिस्तान से
जबकि बेझिझक मैं
इस पीली खोह में पड़ा हुआ—
दिन गिन रहा हूँ थकान के!

कोई नहीं जानता
कबूतर की बन्द आँख को
कौन-सा प्रकाश दीख पड़ता है
किसके कहने से
खरगोश-सा नरम जीव
बाँधकर क़तार
डूब मरता है

मैं मर रही बन्द आँख हूँ
लगातार—
साथ-साथ मेरे
मर रहा है एक संसार!
मुझमें लिपटे हुए साँप ने
कभी मुझे बूढ़े पिता के विषय में बताया था—
तब मैं अबोध था
फिर भी हँस आया था।
फिर वर्षों भीतर
बहसें चलती रहीं
हर शाम फोड़ों की तरह मुझे चीरकर
कविताएँ निकलती रहीं!

मुझे लगा 'वह' शायद क्षोभ है
या शायद शानदार ढोंग
मुझे लगा अपने 'न होने' या 'होने' में

सब तरह 'वह बुड्ढा'
स्थायी रोग है!
हुआ करे?

तुड़ा-मुड़ा ढाँचा तक रहा न जब बुद्ध का
चीख़ तक दफ़न हो गई उस 'पागल' की
कुछ भी हुआ करे
दुनिया अब बहुत बुद्धिमान है
ख़ून की सनसन के नीचे
सिर्फ़ बियाबान है!

× × ×

नीले इरादों की नींद फटी रात में
सब इसी तरह डूब जाते हैं
पहले उफनता है हर समुद्र
फिर औंधे शंख
छिछियाती चट्टानें
घोंघों के खोल
हड्डी के टुकड़े रह जाते हैं।
भारी पग हवा सर पटकती है
फिर कुछ गिद्ध उतर आते हैं।
अक्सर इस निजी अन्धकार से
घबराकर
मैं भी चीख़ा हूँ।
ईश्वर
कुत्ता
कीड़ा
अपने को एक साथ सब ग़लत दीखा हूँ।
फिर भी नहीं गिला
क्या हुआ? अगर मुझे दुनिया में

आदमी नहीं मिला!
क्यों मिले मरा हुआ आदमी?

देश युद्ध करते हैं
तब, जबकि बहुत कुछ हो सकता है करने को
देश युद्ध करते हैं
कमर टूट जाने के बाद
सन्धि-पत्र पर
करके हस्ताक्षर
फिर ख़ाली नलियों में बारूद भरते हैं।
यही हो रहा है।
सौ साल से
ना हज़ार साल से
दस हज़ार साल से!

मगर प्यार भी लोग क्यों करें
जब हर दिमाग़ एक चकला है
हर दिल में एक मेढक
हर पेट फूटा तसला है!

इस सबके बाद भी,
लोगों को आख़िर
कहीं-न-कहीं जाना है
सबके अपने-अपने पेशे हैं
पेशों से जुड़े
बेहिसाब
अंदेशे हैं!

हर शीशे में कहीं ख़राश है
सबको इस बेहिसाब फैले समुद्र में

किसी गुमनाम
कर्णधार की तलाश है!

काश! मुझे भी कोई भय बाक़ी रहता
मैं भी बर्राता कुछ
इस युग चढ़े सन्निपात में
हाथ में छड़ी लिये हुए
समझता
ज़रूरी हूँ
हलकान रात में!

लेकिन अब सब झर चुका है
नाक की जगह एक बाँस की खपाच है
शब्द सिर्फ़ भोंक या मिमियाहट लगते हैं।
छपे हुए नाम में
गुबरैला दिखता है
देह—जैसे लोग किराये के तम्बू में रहते हैं
फिर भी
अफ़सोस नहीं होता,
लगता नहीं, मैंने भी
हिस्सा लिया है
चूहा-बिल्ली के खेल में
नहीं शिकायत
कोई और
किसी और का
गोश्त नोंचकर
मुझे
फेंक गया
इस निभीत जेल में!

अब सब अतिप्रश्नों से दूर चला आया हूँ
कोई और कुरेदे
इससे पहले ही
मैं अपना साँप दबा आया हूँ!

यों हक़ नहीं मुझे
कहने का
मगर विवशता में भी एक न्याय होता है
जैसे-एक अन्धापन
कौंध में
या जैसे
प्रेम में गुँथा हुआ नंगापन

उसी बहाने मैं भी कहता हूँ
कोई भी स्थिति अब
बदतर नहीं रही
(सुन्दर का प्रश्न कहाँ?)
क्योंकि कोई परिणति रुचिकर नहीं रही!

उसी बहाने मैं भी कहता हूँ
सबको शिकायत है
उस दुर्विनीत नरपिशाच से
जो हर विचार
हर व्यवस्था
संस्थान की
जड़ें चाटकर
अब अप्राप्य है
आसमान में भटकती टिटिहरी के
चोंच झरे फेन-सा,
दिखता तो है जो

क्लिन्न फफूँद-सा,
पर जिसका कारण
ग़ायब है ग्लोब से!

सबको शिकायत है मुझे नहीं
मैं जानता हूँ
वह सर्वसोख प्रेत
बाहर कहीं नहीं
भीतर हम सबके साथ है

दुनिया को बदसूरत करने में
शायद हम सबका लगातार हाथ है
फिर भी मन करता है
हँसी आए
(आँसू तो स्नायविक क्रिया है)
फिर रोना, चिल्लाना
भौंचक्कापन
यों भी पुराना है
जबकि
सभ्यता का अर्थ हर अगले पल
नई तरह ऊबना-उबाना है।
इसीलिए
मरने तक
मैं चाहता हूँ मुझे हँसी आए
जिस तरह मुंड
चुप अट्टहास करता-सा लगता है
मैं कोशिश करता हूँ
किसी तरह
मेरा तन
जड़-खुला दाँत बन जाए

लेकिन जो लाश
दलदल में डूबी हो
वह भला क्योंकर उतराए!

निकासहीन

सोना ख़तरनाक है।
पता नहीं कब भैंसा आ जाए? सोचकर
पहले दीवारें उठाईं मैंने
फिर सारे कपड़े उतारकर देखा
खाल की बुनावट को
अँधेरा कूदा धड़ाम से
भीतर कौंधा—'अकेला हूँ'
घुटन हुई
मैंने सुराख एक कर दिया,
रोशनी सरक-सरककर ताकि आ सके!
हालाँकि
भैंसे का डर मुझे अब भी था
भैंसा पीछे पड़ा है बचपन से
जो मुझे लड़ने नहीं देता राजा से
लोगों की चीख़ नहीं सुनने देता
मुझे भगाता आया है।
डकार कर
पहाड़ से गिराता
नदियाँ नपवाता

पीछे पड़ा है। डर अब भी था!
        देह की भभक
        या कलख से अपनी कमज़ोरी के
मैंने आवाज़ दी
है कोई? आने दे रोशनी!
                पैरों तले की ज़मीन से
        मैंने देखा फोड़े फूटे
दो सींग उभरने लगे।

नीली इमारत

तुम्हीं एक रह जाओगे सुननेवाले
तुम्हीं से कहता हूँ
आख़िर किस दिन के लिए आज दिन तक
        मैं भीतर-बाहर गिर ही गिर रहा हूँ!
न बर्ख़ास्त होता हूँ
न इस्तीफ़ा देता हूँ
भीड़ में अकेले में चुप रहकर चीख़ कर
        लड़-भिड़ रहा हूँ नीली इमारत से।
दूरी का कोई अन्दाज़ नहीं
बस भिड़न्त मालूम है
        रक्तचाप घट रहा धीरे-धीरे
        घिस रहीं एड़ियाँ
        जो सीढ़ियाँ कहीं थीं नहीं

बार-बार गिरते-पड़ते
उनकी याद में
बड़ा हो गया हूँ
नकारा मैं—
साँप से लड़ाई कर
चूहों की बस्ती में
रहता हूँ
तुम्हीं एक रह जाओगे सुननेवाले—!
बीत गए साल
नारे घिराव; ट्रंक कॉल
दस्ती चिट्ठियाँ
वायदे कि कल ईंट लाना है
गहमागहमी कि क्या
घुट्टी पिलानी है लौंडों को
नई ख़बर छौंककर
लल्लू अख़बार में
बुड्ढों की आँख का माड़ा गिराना है!
बहुत साल बीत गए यही करते!
न तुमसे हुई दोस्ती
न दुनिया से दुश्मनी कम हुई।
कोई भी आदमी इतना लाचार नहीं
रो भी न पाए
मैं—जो
मारा नहीं जा सका
ज़िन्दा भी कहाँ हूँ।
न ना हूँ, न हाँ या अथवा भी नहीं मैं
पता नहीं क्या हूँ।
दावे से कुछ नहीं कह सकता
सिर पर बड़ा बोझ है

बहुतों का कर्ज़दार हूँ
कई सौ ख़ून, अग्निकांड, कई चोरियाँ
मुझ पर—बहुतेरे इल्ज़ाम हैं।
यों ख़ेमे से लेकर हर वह बेपेंदगी
जो आदमी को
सिकन्दर बनाती है
चिपकी है मुझसे
फिर भी कहता हूँ
जाने किन वर्षों की जाने किस घाटी की जाने किस खोह में
डरा छिपा सबसे
मैं ख़ुद को
पाता हूँ—पस्त और बेधुरा

गुर्राता है लगातार एक रीछ
मैं कोशिश करता हूँ
ऊपर चढ़ जाने की
तुमको पाने न पाने की कशमकश
उठा-पटक करती है
फाँसी के तख़्ते में उतना दम नहीं
जिस तरह
मेरे
भीतर एक पूरी अक्षौहिणी
कटती मरती है।
मेरी तकलीफ़ अगर इतनी भर होती
'स्थाणु' होना है
या
'ययाति'
तब भी चल सकता था।
मैं हूँ कि मुझमें

चूने-कोयले का अम्बार है
वन धतूरे के
फूल, जहाँ बम की तरह फटते हैं
तृप्त शव
एक ज़हर भरा ताल
जिसे किसी युधिष्ठिर का इन्तज़ार है।
अपने उचाट सन्नाटे में
बार-बार उठता हूँ
मैं भूडोल-सा
एक चमकदार पैर माथे पर झूलकर
ग़ायब हो जाता है
कोई है कोई कहकर
मन टहलने चला जाता है।
लेकिन स्ववैर में
रीपाबान में
मैं उत्तंग
कपड़े चमड़े के चक्कर में
निपानी रह जाता हूँ
मेरी मुश्किलें भी अजीब हैं।

कोई भी चीज़ इतनी बेजान नहीं
ध्यान न बटाए
जिस्म रहते हुए कैसे कोई
पत्ता बन जाए
हवा के दरख़्त का।
मैं नहीं जानता
मिट्टी के कीड़े को
खाकर मिट्टी उगलना मिट्टी ही
या

बेबाक शब्दों के अन्तिम घन्नाटे में
ग़ायब होने से पहले तक
तलना है
मैं नहीं जानता होगा क्या
यह सिलसिला
कितना और क्यों
पचास-सौ शताब्दियाँ
सही-ग़लत जीकर
सबको डुबोती ही होंगी क्या मूर्तियाँ
नहीं जानता।
ऐसा कुछ मुझसे नहीं हुआ
पृथ्वी की फ़िक्र घटती
गाते मल्हार

स्याह होंठ
सूरज को चैन मिलता
एक भी गोली कम दग़ती।
कुछ नहीं हो सका
इमारत वहीं है
उसी तरह मैं मुट्ठी तानता
दरक रही रोशनी
कमज़ोरियों की
फ़ेहरिस्त बहुत लम्बी है
मैं बीमारी दवा
दोनों से इनकार करता हूँ।
तुम्हीं एक रह जाओगे।
सुननेवाले।

जोड़-बाक़ी

बिना तरस खाए
बिना कोसे किसी को
रीझे, बिना ऐंठे
सर झुकाए हुए चलता हूँ!
आँकड़े बताते हैं आत्महत्या के
कम लोग अब मरते हैं प्रेम में
जिन वजहों से लोग मरते हैं
वे कुछ और हैं!
उन्हीं और वजहों को जोड़ते-घटाते
सोच रहा हूँ
क्या विकृत चेहरा हूँ मैं असफलता का?
दिन और रात एक बाघ से
लड़ाई लड़ते हुए
मैं जो अब हड्डी का ढेर हो गया हूँ
कहाँ मुझे जाना था?
मन घबराता है
अँधेरा छपाका मार रहा
भीतर तक
तैर रहीं अधनंगी तस्वीरें।
पपड़े उघड़ते हैं।
दीवारें गिर रहीं अर्राकर
कविता में रात हो गई है।
था क्या कहीं कोई
अर्थ अगर था मुझे पाना था।

क़ीमत के खम्भों और चुस्त व्यापारी कपड़ों के कौंधे में
चीज़ें घटाकर
वज़न करते हुए

जान गया हूँ मैं
कुछ नहीं होता दिन की उड़ानों से
सब पंख शाम मोड़ देती है।
दिमाग़ी उजाला है, ज़िन्दगी
हवा में पड़ी गरम गाँठ—
          गाँठ खुल रही है।
खुले मापोत्तर जबड़े के नीचे
काला है सब वज्र काला!
          पहले कसती है
          फिर सब पानी सोख लेती है
          अजब चोर आग, उम्र
          भीतर सब सफ़ाचट्ट करके
          सेंध के मुहाने पर
          पदक ठोंक देती है।
क्या हुआ उन सब उड़ानों का?
          सोचता हूँ—

पायदान पर खड़े होकर जवानी के
जब मैंने
सब कुछ मुमकिन पाया था
हाथ उठाकर तीसरा
(संकल्प का)

'न सर्दी न गर्मी
ग़रीबी बहुत ढीठ होती है
उठाए आसमान तड़क, छाती पर
कुढ़ती है'—गाया था
मन यह शुरू से कठोर था
नंगा नहाता है जो
कुछ नहीं निचोड़ता

जो शहज़ादा हुआ हो पैदा
वही कुछ छोड़ सकता है
मैंने तो आँखें खोली थीं भूख में!
मैं कह रहा था मैं अगर कठोर नहीं होता
जन्म न देता इतनी काली कविताओं को।
सबमें खोकर सबका होने की कोशिश में
ख़ूब मार खाई खिलाई
कोसा सूरज को
वहशत ओढ़ी
धूनी रमायी
शहर में
समझ सकूँ ताकि
घाव के स्वभाव को!
समझा जा सकता है
झूठ, घूस, साँठगाँठ, जुआ, सूदखोरी
ज़हरबाद
भीतरी ताऊन, खुली तस्करी
छिनाली का अर्थ!
पूछा जा सकता है!
कैसे उभरती हैं गिल्टियाँ
कौन मूस-पैर दौड़ते हैं गोदामों में
कटती हैं बोटियाँ
पुलपुली छातियाँ
झेलती हैं धक्का
कच्ची शराब का
भपका उतरकर पेबस्त होता है
कैसे किस सूजे तहखाने में

पासा पट पड़ता है क्यों?
जाँघ कटकर

चढ़ती है दाँव पर
कायर युधिष्ठिर की क़ीमती कराह मर जाती है
कभी नहीं फूटती दुबारा
आग लग जाती है।
बन्दरगाह में—क्यों?
        पूछा जा सकता है
        पाया जा सकता जवाब!
पर इससे आगे जो दरवाज़ा खुलता है
वहाँ नहीं मिलता कोई सुराग!
        वक़्त कुछ अचूक कैंसर है।
औरत और रोटी और हक़ के बाद भी
ताले रह जाते हैं
जिनकी चाबी नहीं
मिलती पसलियाँ
महसूस करती हैं कोई स्राव
ख़ूब जानता हूँ
डूब रही है
मगर, नाव मैं बचा नहीं सकता।
        क्या हो जाता है?
        (नहीं मिलता जवाब)
        उम्र के आधे कबूतर उड़ जाने के बाद
        जब अनाघात
        पैरों के नीचे पानी भर आता है
        खड़कता है कटा टिन
        दाँतों के बीच!
        धक्क, आँखों में
        बत्ती गुल
        पूरा शहर धम्म गिरता है
कहाँ माँ

कहाँ बाप, देश, दोस्त, रक़म, राग
सुन्न साइबेरिया
नसों की दरार में
फटता बिखरता है
        तुम कह सकते हो
        चलकर न चलकर
        सभी पैर एक दिन
        औरों के कन्धे चढ़ते हैं
        वह जिसे कहते हैं
        मौत
        उसके जिस्म पर
        हर कपड़ा ठीक आता है
मैं भी समझता हूँ
बिना तरस खाये।

कार्ल मार्क्स

भटके, ज़लील हुए देशनिकाला मिला
पेट में ज़ख़्म
तपिश आँखों में बन्द किये
पूरी उम्र भाँय-भाँय काट दी।
        खन्दक से दोस्ती
        लड़ाई अँधेरे से
नस-नस निचोड़ किया रतजगा
ख़ुशी बियाबानों को बाँट दी।
        तुमने बहुत किया। सहा। दिया दुनिया को
शीशा आतशी

लगता था लौट आएगी हँसी
ग़ुलाम होंठ फिर न फटेंगे
नीली चादर के नीचे
मुक्त मांसपेशियाँ
स्वस्थ-स्वरलिपि दोहराएँगी
जलेगा अँधेरा मसाले के साँप की तरह
ख़ाक होगी
बहन आभिजात्य की।
        जहाँ तक सोचा जा सकता था
        सोचकर
तुमने मिट्टी से इतिहास की
जगमग उठाई एक मीनार
जूतों को ठीक पैर
गेहूँ को ख़ाली आँत दी
कि ठीक राह जा सके
ज़िन्दगी।
        कभी मगर सोचा न होगा तुमने मार्क्स
        नक़्शे पर है देश ऐसा भी
जहाँ ईश्वर में भी मालिक ग़ुलाम हैं
इधर बेगारी हनुमान
उधर राजा राम।

इक्कीसवीं शताब्दी

जब हवाई अड्डे तक सँकरे हो जाएँगे
आसमान बहरा चिमगादड़
सब पानी काला

घरों में बर्र और सड़कों पर तेंदुए
जब क़ब्रगाहों का टूटा पड़ जाएगा।
    गर्भ से अलग नस्ल
    नसों से अलग ख़ून
    फूटेगा
सब मिट्टी बाँझ
सब हवा कोयला
जगमग काँच पर नियोग-नाट्य
पुर्ज़ा-पुर्ज़ा अधम देह का
    बदले टूटेगा।
सब ज्ञान मूर्खता
सब शक्ति फोक
सब प्रतिभा गोंद
    बादलों में कीटाणु
    धूप में ज्वर चढ़ेगा
हर छत-तप द्वीप
चिड़ियों की खाँसी
आदमी निठल्ला
सब फूलों को पीलिया
    नदियों के नीचे तक सर्पफल फटेगा
न युद्ध में, न योनि में, न नींद
न शराब में
न शब्द में, न सुन्न में
न धरती के गर्भ के ठोस सुनसान में
न फन्दे में फाँसी के
न रस न उपवास में
चैन कहीं नहीं इस क़दर चैन होगा।
    तब शायद लोग यह समझ सकें
    कोई आत्महत्या क्यों करता है।

तानाशाही के नाम

हड्डियाँ सफ़ेद हैं मेरी भी
ख़ून लाल
फिर भी तुम्हारी निगाहों में
मैं एक घाव हूँ
स्याह और रिसता बदबू देता हुआ।
कई लाख साल से
मासूम पृथ्वी पर
हो तुम
एक अजगर की तरह लिपटे हुए
और मैं
काले युग में
उसी तरह ज़हर पीता
सूली उठाये
कटा गला अपने बच्चों का
कोख में दबाए
न मरता न जीता।
हिटलर, तैमूर, याह्या, नीरो, मसोलिनी
तुम्हारे न जाने क्या-क्या नाम हैं
हड्डियाँ सफ़ेद हैं
हालाँकि मेरी भी
तुम्हारी निगाहों में
फिर भी मैं ज़्यादा से ज़्यादा घाव हूँ
तुम जिसे चाह रहे
कील ठोंककर पूरना।

झूठ नहीं तुम न मैं
और इतिहास

वह तो मुट्टटी का मैल है
तुम जैसे ज़िद्दी दिमाग़ों का।

कई फ़लसफ़ों के बावजूद
अमन और नेकी और युद्ध के नारों से
धुत्त इस दुनिया में
तुम हो
और मैं शुरू से पिटता आया हूँ
डर नहीं रहा
शायद मैं एक बहुत बड़े पागलखाने की
दीवारों, सीखचों पर
सर पटक रहा हूँ।
और तुम?
तुम पर मुझे सिर्फ़ तरस आता है
लोग याद रखते हैं फूलों के नाम
तुम हो कि गिन रहे तादाद लाशों की
ठीक है
गिनो जहाँ तक गिनती आती है
मेरी याद्दाश्त
झनझनाती है
आँखों में गिरती है गरम ईंट
पाँव लपटों में
रोम जल रहा है
कानों से बर्फ़ के फ़ाए निकालता
कमर तक सुन्न बेवकूफ़
नैपोलियन
यह मेरे पास से गुज़र रहा
है। नहीं है। अभी था वहाँ
वह गया नंगी छाती पर नोक

तलवार की गड़ाता
लँगड़ाता तैमूरलंग
यह आया अट्टहास
हिटलर का
नाक से टप-टप गिराता ख़ून
चुप्पी ख़ुदकुशी के बीच में।
हुआ था न्यूरेमबर्ग में जब फ़ैसला
मैंने सोचा था
तुम मर गए
अन्धाधुन्ध वक़्त की चक्कर-दर-चक्कर अय्यारी के साथ
क़त्ल, ख़ून, आग
बन्दूक और बम के
जल्लादी दिन गुज़र गए।

ग़लत था मैं ग़लत मेरा उपन्यास
ग़लत सोचना
मैं पत्थर से नश्तर युग में अभी आया हूँ।
बियाफ्रा, वियतनाम, तिब्बत, कम्बोदिया
क्यूबा से लेकर पूरब बंगाल तक
हर जगह मेरी ही क़ब्र है
फिर भी मैं मर नहीं पाया।

कभी-कभी लगता है।
अच्छा हुआ होता
मैं अगर कुत्ता, सुग्गा हुआ होता
पूँछ हिलाता
जो तुम कहते बोली बोलता
गोली तो न बेकार जाती तुम्हारी?
लेकिन मैं क्या करूँ?

मेरे माथे के ठीक नीचे एक दाह-कुंड है
मेरी हर नस बिजली का नंगा तार
            तुम जो ख़ुश हो
            मेरी पसली उखाड़कर
वैसे मैं तुमको समझाऊँ

मछली सिर्फ़ पानी में जीती है
आदमी नहीं होते खूँटियाँ
जो चाहे आकर
वर्दी टाँग दे
सब तरफ़ लाशें-ही-लाशें हैं
गिनो जहाँ तक गिनती आती है
सुनो मगर
बहुत दबाए जाते हैं जो
            अक्सर वे घाव नासूर
            बन जाते हैं।

विरोध-पत्र

खाल ढील छोड़ने लगेगी कल
खल्वाट् हो जाएगा
यह बायीं बाँह की नस जो खिंचती है
अक्सर तकलीफ़ के साथ
कल इस तरफ़ ख़ून
            न आएगा!
पानी में एक मथानी डाले हुए

कब तक मैं
दुनिया मथता चला जाऊँगा
नौकरी कपड़े कविता बकवास
इन सबसे अलग मुझे भीतर सुन पड़ता है
'मृत्यवे त्वा ददामीति'
एक बुड्ढा
एक लड़के पर ऐंठता
अकड़ता है।
मैं अगर याद
करूँ न उस बच्चे की
जो गोमती की बालू में बह गया
माँ की चूल्हा आँखों
फटे स्वेटर को भाई के
लड़ाई की ख़बरों पर सुन्न
थके कर्ज़दार बाप या
लाशों के गद्दे पर चलते मसोलिनी
नागासाकी के सफ़ेद
अग्निकांड को
नहीं करूँ याद
न यह सोचूँ
भूख से बेवकूफ़
चित सुख से पड़े
चार अरब लोगों की दुनिया में
सफ़ेद रीछ, साँप,
बाल ऑलिव की चोंच में दबाए
कबूतर
बराबर रहेंगे।
राष्ट्रसंघ की सीढ़ी पर
टूटेगा रोज़ नारियल
खोपड़ा यहूदी का घनघनाएगा

देश में मेरे
पलीता इसी तरह सुलगता रहेगा
भड़ाम से कुछ नहीं होगा
दाग़ा जाता रहेगा कुछ लोगों को
नक़्शे पर
बाक़ी गोलार्ध
पेट में बम छिपाए
छोड़ेगा चुटकुले
तैरेगा पब में
कुच चबाएगा।

यह सब नहीं अगर सोचूँ
सुनूँ सिर्फ़ बुड्ढे की बात
तब मैं अपना जानी दुश्मन हूँ
सवाल ख़ुद मेरे न रहने का है
मैं हूँ कि कवि हूँ काज़ी हूँ वोटर हूँ।

एक रात
बहुत-बहुत स्याह बहुत ख़ौफ़नाक
छलाँग मारकर
एक आग आ रही पास
वहाँ जहाँ फ़सल पक रही है
कपास की
आँखों की भाप में
साँय-साँय करता है एक जेट
नाक की सीध में
औंधा गिरता है
बीच में समुद्र के
एक टिटिहरी गला फाड़कर
ट्टु ट्टि ट्टि ट्टि चिल्लाती है

निग़मबोध घाट पर
एक बिना आँखों
दाँतों का मुर्दा
फुँकता है
जलती चर्बी की गन्ध से
पीपल की डाल काँप जाती
गीदड़ फिकरता है।
मरता है एक दिन
नचिकेता भी मरता है।

छि: मगर मैं नाटक कर गया
अपनी तकलीफ़ का
बही में दो तरह का हिसाब
रखने के माने क्या?
कढ़िल कर मरती आदमियत के आगे
मेरा या किसी का
बुढ़ापा, जवानी
सब वाहियात है
तब फिर मैं करूँ तै
लूँ कोई फ़ैसला?
इससे पहले कि ख़ून
गाँठदार हो जाए
जुर्म करूँ?
यह जो एक बाँध है
लबालब ऊपर तक भरा हुआ
मोहरी मैं इसकी खोल दूँ
क्यों फ़िक्र करूँ
उठाओ हाथ कोई
बुलाओ मुझे आओ

दिनोंदिन बेपनाह होते
बेपेंदा लोगो
        चूहे की मौत के ख़िलाफ़
        दस्तख़त करो। नहीं
        सिर्फ़ वायदा
ज़िन्दगी हमेशा से हूसड़ इरादा है।

सांख्य स्थिति

मैंने शरीर से कहा
अपनी राख से पैदा हो जानेवाली कथा झूठ है
        कुछ नहीं बचता
        लगाव और नफ़रत के खेल में
यों ऊन पकने तक छूट है तुझे
स्याह पड़ती दूब पर
ख़ून का गलीचा बिछाने की

मैंने शरीर से कहा
एक कुत्ता
पारेदार शीशे के कमरे में बन्द है
        हर विक्रिया के बावजूद—
        कुत्ता स्वच्छन्द है
आँख मूँद लेने या
बिम्ब-मुग्ध अपने से दुश्मनी बढ़ाने को

मैंने शरीर से कहा
बाढ़ भरती है जब कभी जंगल में
नकुल और साँप चिपक जाते हैं एक ही शाख से
तू बदला लेगा भी किससे
कोई चिड़िया नहीं पैदा होती अपनी राख से
मेरी बात मानकर
जब ज़िन्दा मर चला शरीर
सब उसे रौंदकर आगे बढ़ गए

कहाँ हैं वे लोग
जो एक पूरी दुनिया मुझसे ले गए
बदले में दे गए मुझे
नास्तित्व का गूँगा ज़ायक़ा।

नामकरण

मेरे बाद, शायद
(इतिहास अगर राख नहीं हो गया)
कोई पढ़ाएगा :
एक वक़्त ऐसा भी था आर्यावर्त में
जब बिना बदचलन हुए
कुछ नहीं मिलता था।
रोटी से लेकर शोहरत तक
गन्दी थी हर सड़क
जच्चाघर-मुर्दाघाट के बीच

कहाँ नहीं थी
हर जगह एक रंडी थी
तमाम के तमाम
हाकिम हुक्काम
नियामक बड़े-बड़े
संचालक संस्थानों के
सितारे, सम्पादक, सटोरिये
दलाल उड़ानों के
भीतर-बाहर के व्याख्याता
पारखी—चित्त के, योगी
रोगी—कृपालु अस्पतालों के

सबके सब उस रंडी की कृपा पर ज़िन्दा थे।
कोरे दिमाग़ी फितूर से चूर-चूर
बौद्धिकों का
था
काम सिर्फ़ ताली बजाना
भारत तब
गणिकाना था।

जन्मफल

समय बहा जा रहा
ज्वार भँवर, ख़ूनी लहरों के बावजूद
मुरदे की तरह मस्त

मैं सोचता हूँ
पार लग जाऊँगा एक दिन
मेरा अज्ञान, क़ितना अथाह और सच्चा है

यहाँ से वहाँ तक
भूलभुलैया है ज़िन्दगी
बिना दरवाज़ों दीवारों की
निकास कहाँ ढूँढ़ूँ? क्यों?
जब मैं जन्मा था क़ैदी ही
पहले अँधेरा तक करता था
कौन भला मानेगा
अब रोशनी भी
जिसको पाने की कोशिश में
दुनिया में ऐसा
कुछ भी नहीं
जो मैंने अनकिया छोड़ा हो
विनती से लेकर प्रवास तक
मगर यंत्रज्ञान से
फैल फटी दुनिया में
ऊँचाई भी बहाना है
इतना भर समझ सका हूँ
सन्नाटे के अखंड राज्य में
हर मेघनाद को
एक दिन, मिट्टी ही खाना है
इतने दिनों से मैं इतना असंग हूँ
कि लोग मुझे घास
चिड़ियाँ—प्रतिष्ठित ठूँठ समझती हैं
झींगुर चले आते हैं गाने

कानों में
गिलहरियाँ पाँवों पर
अखरोट कुतरती हैं
आए और जिस किसी को आना हो
मैं तो हीरा हूँ पाए जिसे पाना हो
वरना क्या बुरा हूँ इस
अनखोदी खान में
मुझको अपनी
विफलताओं पर गर्व है
भरोसा है अपनी निराशा पर
जब-जब मैं उसे भूल जाता हूँ
वह नींद बनकर लौट आती है
सपनों को मेरे घसियाकर कहती है :
तुम अपने ऊपर गिरी विपत्ति हो
प्रार्थना नहीं करो।
वही कर रहा हूँ
लोग व्यस्त हैं ख़ुद को भरने में
जबकि मैं ख़ुद को उलीच रहा हूँ
इस परजीवी समाज में
मैं अपनी मृत्यु सींच रहा हूँ
मेरा हर जोख़म अचूक है
मसलन मैं चाक़ू का काम आँसू से लेता हूँ

दुनिया में
कहीं भी लड़ाई हो
मुझको लगता है गृहयुद्ध हो रहा है
लोगों से दुख का दान माँगता हूँ
बदले में देकर
चन्दन, कपूर, फूल, धूप, अगरबत्तियाँ

मैं चाहता हूँ
सब पारपत्र जला दिये जाएँ
किसी भी अंकुर का मुरझाना
सार्वज़निक शोक हो
जो आदमी आदमी के बीच खाई हो
ऐसे सब ग्रंथ
अश्लील कहे जाएँ

अव्यक्त-वाणी

जो आदमी शराब पी रहा है
जिस आदमी को
युवापा चढ़ा है
जो आदमी
तिजोरी में बन्द है
जिस आदमी को प्रेम हो गया है
जो आदमी साँस साधे है
जो है
प्रधानमंत्री कहीं का
उससे बचो
और इन्तज़ार करो
उसके गिरने का
अभी वह नशा है।

कुछ गूँजता हुआ

जब-जब तुम मुझसे
निराश होते हो
एक और ताला खुल जाता है
रात का अकड़ा दरवाज़ा
दीवार होने की कोशिश में
आँगन बन रास कर उठता है
असल में रात मेरे तुम्हारे
सम्बन्धों की भाषा है
मुझ पर भरोसा वह आदिम ग़लती है
जिसे तुम गाली की
तरह दोहराते हो
मगर चीख़ तक आते-आते
वर्षा का पानी
झीलों की तरफ़ चला जाता है।
रूखे अकेले फीके पहाड़ तुम
वहीं निष्कम्प
रह जाते हो गड़े हुए
प्यास मगर तुमको
भविष्य में लगती है
सदियों से अब तक एक भी दफ़ा
यह नहीं हुआ
सुख बीत जाने से पहले तुम्हें भाया हो
ज़िन्दा होने के बावजूद
वर्तमान तुमसे वंचित मर जाता है।
तुम बैठे जड़ से बहस किया करते हो
घूमता चक्का धुरी कब हुआ है

युवा है एक और नाम
वसंत का।

■

ह्रास का अहसास

इस कुछ-कुछ पीले
पड़ते संसार को
क्या खाद पानी मैं दूँ
फूट पाना
याद आ जाए कोंपलों को
चिड़ियाँ तो
आती चली जाएँगी
बावजूद
सूखती टहनियों,
दर्राती शाखों के
न आएँ फूल
कोई काँटा ही हरियाकर
उग आए
कौन-सी ज़मीन
उठा लाऊँ कहाँ जाकर मैं
जो धीरे-धीरे
ठूँठ होने में व्यस्त
विरस होता
यह वृक्ष
कुछ और सावन
झेल जाए

कौन-सी ज़मीन
उठा लाऊँ कहाँ जाकर मैं

उसका समाहार

असल में तुम
        अपने संशय को लेकर आश्वस्त हो।
        बहुत-बहुत घना और घटिया
        चटियल एक जाल है
        शब्दों का—तर्क
कुछ हज़ार साल से दुनिया का
चित्त चाँपे हुए।
यों समझो
लेन-देनवाले संसार में
हर जानकारी उधार की कमाई है।
शब्द बता सकते हैं
        पानी की चाल
                रूप, गुण, तत्त्व या
                कि कैसे

        वह
        खोज पा जाता है
        गति के लिए एक
                अनवरत ढाल
        पानी, पतला, गाढ़ा, नीला
                सफ़ेद, हरा

काला हो सकता है
कैसी भी आग हो
पानी लड़ सकता है
गिरकर नहीं टूटता
एक साथ
पानी-पथरा / उड़ सकता है।
बहुत निरंजन है यह देशना
दो टूक व्याख्या पानी की।

तुम मगर
फटकर दो टुकड़ा होते से
बीज की तरह
बहुत वर्षों से
तड़प रहे हो जहाँ
वह तपता सहारा है
आक्षितिज फैला
रेत-ही-रेत है तुम्हारे सब ओर
सूख-सूखकर तुम्हारा
शरीर एक मोटी
हड्डी है हो जाने को।
तुम सोचते हो, काश तुम
अपना सब ख़ून पी पाते
जो शायद अब तक
कत्थई खीर बन चुका है
भागना रहा नहीं बूते का
यह भी तुम्हें ज्ञात है
जल्दी ही तुम फटकर दो होनेवाले हो
यहाँ हर व्याख्या निरर्थ है
अश्लील है कोई दर्शन पानी का।

तुम्हें सिर्फ़ तृप्ति चाहिए
यहाँ
सिर्फ़ एक अनुभव
जो घूँट पीकर ही आएगा।
पानी का फलसफा
तुम्हें मौत की
इस रेत-भरी चादर से क्योंकर
बचा पाएगा।
और यह तुम्हीं नहीं
हर ज़िन्दा प्राणी का हाल है

लंगर बँधी नाव खे
रही है
दुनिया सर पीटकर
बदल गई है
शैव्या की चीख़ में।

सफ़ाई

दृष्टि इधर मेरी कमज़ोर हो गई है
अपनी आवाज़ तक
बर्दाश्त नहीं होती
शोर, चकाचौंध, धूमधाँय भरी रात में
बताओ आकाश!

ख़ुशी या खेद
मुझे क्या होना चाहिए

जैसे हरा आक
ख़ुश्क रेत में
मैं जब पैदा हुआ
हर वयस्क घर से फ़रार था
नींद में चलने का मर्ज़
माँ दासी को
लोरी कौन गाता?
बन्द चुसे वक्ष में
सदियों का हाहाकार था
योरप में टैंक, बम लन्दन में
ख़ून की बरसात
हो रही थी मेरे देश में
हैरत होती है सोचकर
फिर भी मैं जी गया
शायद दस साल का रहा हूँगा
सुना समाचारों में
हिटलर ने ख़ुद को गोली मार ली
फिर टूटी बेड़ियाँ
नुचे बुर्के
फटी साड़ियाँ
चलीं और ख़ूब चलीं, दिल्ली लाहौर
के बीच रेलगाड़ियाँ
गुस्ताख़ी माफ़—लाशगाड़ियाँ
मैंने लिक्खा अपनी ख़ाकी किताब में
'कुछ लोगों को
मुरदे जलाने-दफ़नाने का शौक़ होता है'
थोड़े दिन बाद

प्रार्थना में झुके बूढ़े को
सुना किसी ने गोली मार दी
किसी ने गोली 'मार ली'
किसी ने गोली 'मार दी'
मुझे बताया गया
हिटलर और गोडसे
दोनों को देशप्रेम था
मैंने फिर लिक्खा किताब में
'पिस्तौल-प्रेम की ईजाद है'
पिता कर्ज़दार थे (आज़ादी के बावजूद)
मुझे सवाल करने का शौक़ था
(ईश्वर) संज्ञा के कितने भेद हैं?
मैं पूछता
'ईश्वर के कितने भेद हैं?
मैं पैदा होते ही हिन्दी क्यों हो गया
क्या डायर बच्चों से चिढ़ता था?'
वे कहते : तह तक नहीं जाओ बेटे
एक दिन अकेले पड़ जाओगे
नहीं सुना कई साल बरबस उपवास किया,
झपटा मशीन पर विरोध रात दिन
आख़िर मुरदे के होंठों पर
बाँसुरी—मानी क्या
नहीं कहा गधे को बछड़ा कई साल
नहीं सुना धुना, रोम, पेरिस, वाशिंगटन तक
भरे धरे चीकट गद्दे को
क्यों सिर्फ़ क्यों टाइम 'मेग्ज़ीन'
सामूहिक भोग क्यों
क्यों नहीं विनोबा का भूमिदान
क्यों कूक्लिस्ट, क्यों बार्डो की पिंडलियाँ

स्टाइन बेक
क्यों नहीं लोहिया,
सौ पैसा रोज़ का मजूर, आख़िर क्यों नहीं
निराला, नज़रुल या भारत का किसान
मगर वह दूसरी कहानी है
या शायद मर्सिया डूबते जहाज़ का
जबकि मुझे अपनी
ज़मीन पर खड़े हुए बरगद की जड़ में
घुसे नरम कीड़े की
सूँड़ में लगे हुए
ज़हर की जाति की जाँच करानी है
ज़हर की जाँच?
ज़रा ठहरो
दिल काँपता है मेरा
यह एक दूसरी तरह की विवशता है
कौन बताएगा
काले विदूषक का कितना पैसा है गोरे बैंक में
मछली के पेट में अफ़ीम
अड्डे बुलबुले
'वर्ली' में होम, भजन
हरम हांगकांग में
जाँघ में सिला रत्नकोश
घात मिट्टी से
कितना मुश्किल है अब फ़र्क़ करना
सच और स्वाँग में
हो सकता है ग़लत होऊँ
उम्र ने थोड़ा
निढाल कर दिया है
हर सीढ़ी नीचे की तरफ़ से

खिसकती है
कोई उलटता नहीं सरकारें
राजनीति ख़ुद
आत्मघात करती है।

उसका समाधान

वर्तुल में हो तुम
और पूछ रहे हो
कब उतरेगी सागर पर पूर्णिमा
काफ़ी सदाशय
है यह उम्मीद—
ज्वार आएगा
अकस्मात यह क्रमशः डूबना
किनारे लग जाएगा
मगर अभी तो
सिर्फ़ स्याह शाम घिर रही है
और तुम
वर्तुल में हो
आकाश—जो
सपाट और अनवरत
सुभीते का नाम है
फ़िलहाल बन्द है
धुएँ के ताबूत में
और तुम वर्तुल में हो
झगड़ा करते हुए फेन से

बहुतों को
समुद्र, फेन, शाम से शिकायत है
बहुतों ने की है टिप्पणी
वर्षों तट पर बैठकर
या तैरते हुए
डूबकर
रची है संहिता आचार की
समुद्र को कैसा होना चाहिए

गर्भ में आग की सुरंगें छिपाए
कहीं नील लोहित
कहीं श्याव
प्रमादी कहीं
कहीं असंग
समुद्र को कुछ तो प्रत्याशित
होना चाहिए
मचा है कुहराम
एक कुरुक्षेत्र
पेट से पेट तक की दुखद यात्रा
मत्स्य न्याय
खाकर पछाड़
चूर-चूर
नीर प्राचीरें
दलदल में धँसे
नष्ट यान
काट चाट जाते ग्राह को
सीकियाँ ज़बान से
हरे भरे व्याल

सख़्त पीठ पर
रपटिल चट्टानों की

लाल पताका फहराते हुए
प्रवाल
चौतरफ़ा घेरकर
कोमल काया
किसी उद्भिज की
चूस जाते आक्तोपस
एक ही खेप में
वृहदोदर व्हेल
पी पी जाती हुई
चिल्हवा अक्षौहिणियाँ
मोती बनाने की
सज़ा भोगती
सुभद्रा सीपियाँ
इतना उत्पात
नहीं होना चाहिए
समुद्र में
बिना ज़रूरत
लहर, फेन, बुलबुले
न बनने चाहिए
कहाँ से आकर उड़ उड़ जाती हुई
चिड़ियों की भीड़ से
अनाविल
तुम ज़िद में हो
क़तार होनी चाहिए
कायदे से उठें लहरें
शार्क नामांकित
जोंक, कैंकड़ों को
सदस्य होना चाहिए
पार्टी का

तुम्हारी यह माँग भली
बेजा है
सर्जन विसर्जन के खिलवाड़ में
सभी सब सान्त हैं
हवा अगर है तो
कुत्तों, गधों, कबूतरों
प्रधान मंत्रियों
सबको आनापान रक्खेगी
क्या पता तुमने
जो साँस अभी ली
मरघट के पीपल ने न छोड़ी हो
क्या तुम हवा का
राशन चाहोगे?
यह जो पहली
फुहार झरी है अभी आँगन में
क्या बता पाओगे
किस हब्शी देश की
तपन का नतीजा थी
और तो और
यह जो ख़ुद तुम हो
एक शुक्राणु का करिश्मा
कभी सोचा है
किस खेत के किस गेहूँ या
वनस्पति की
स्वाहा उपलब्धि है

जो दाना जाना था
मरते हुए बच्चे के मुँह में
बेईमान बाप के
पेट में चला गया

कितनों का लिखा धुल-पुँछ गया
और तुम
इतिहास से दलील ला रहे हो
जहाँ सब सिर्फ़
एक बार घट रहा

सिर्फ़ ज़िन्दगी ही सबूत हो सकती थी
अगर वह होती पटरी रेल की
और तो और
ख़ुद पृथ्वी
जो अभी लगता है पैरों के नीचे
बड़ी ठोस है
एक दिन ऐसा आएगा
आता है
पैर छोड़कर पीठ पकड़ लेती है...
सुना है न उस
राजा का किस्सा?
एक दिन तरस उसे आ गया
अकारण, ग़रीब पर
वह दिग्विजयी सम्राट था
"उत्तर, पश्चिम, दक्षिण, पूर्व
किसी भी तरफ़" कहा राजा ने
"चलने लग जाना
सुबह होते
शाम तक जितनी ज़मीन चल लोगे
सब तुम्हारी हो जाएगी"
(किसी भी तरफ़ चलने लग जाना)

सपना पैदा हुआ
आँख में ग़रीब की

जागीर बस गई
नौकर, सईस, रनिवास, रंगशाला
कारिन्दे आ गए
रात-भर ग़रीब नहीं सोया
सूर्योदय होते ही भागा
चला नहीं भागा—नगर छोड़कर
दुल्हन बनी
फ़सल खड़ी थी इन्तज़ार में
झील, उपवन, कान्तार
फूल, चिड़ियाँ
एक पूरा का पूरा
संसार—
सबने टोका और वह गाफ़िल
आँख मूँदकर
साँस साँस से
सिर्फ़ भागता गया
और तेज़ और
तेज़ बहुत तेज़
भूख प्यास को पीछे छोड़ता
सूर्यास्त सीमा थी
वह भागता रहा...
तीसरी सुबह तक
जब वह नहीं लौटा
उसकी तलाश हुई
वह वहाँ था एक सूखी नदी के
बीचोबीच
मरा पड़ा रेत पर
राजा ने बनवाया मक़बरा
उस पर अभी भी लिखा है—

यह आदमी न भी भागता
तो भी यही पाता
दो गज़ ज़मीन

× × ×

तुम किसी भी तरफ़
चलते चले जाओ
आख़िरी क़दम
श्मशान ही झपटता है
बावजूद इसके
तुम्हें भौमिक कष्ट है
ऊपर से पाखंड
तुम्हें सरोकार है
पूरा का पूरा एक राष्ट्र झूठ जीता है
सिक्का चलता है काम का
ग्लोब पर
उसकी तकलीफ़ नहीं
आदमी में लोभ लूमड़ की तरह
रहे
साँड़ वासना खखूँदियाये
इसका ग़म ज़रा नहीं सालता
बस बाहर-बाहर सब सम होना चाहिए
झकाझक शान्त
जैसे जब गिरती है बर्फ़
घास, गू, रेत, सब सफ़ेद हो जाते हैं
क्या तुम कुछ वैसा
संतोल गढ़ रहे हो
आज़ादी है
गढ़ सकते हो
मगर एक वक़्त में

सिर्फ़ एक ही पाँव उठता है
लड़ तो लो
पहले अपनी सड़ाँध से
भीतर का कर्दम होने दो क्षार
तब जाना
दुनिया में
अब तक यही तो हुआ है
इतिहास जिसे कहता है क्रान्ति
दुआ है
दूसरी तरह के हत्यारों की।

विकल्प-संकल्प

अभी चला जाऊँ तो जाऊँ
संख्या के पहले भी
गिनती के बाद
वह अभी जब सन्नाटे की
तरह बज रहा
अभी जब देह में
सातों समुद्र हिलोरा रहे
भीतर जमी नहीं
धातु कोई एक भी
अभी जब समय तिलक
दे रहा भाल पर, हँसती है
हरा की कन्दरा

मन किसी संग़म में
डुबकी लगा रहा
अभी जब विजेता
है एक-एक क्षण थरथर वृन्दावन
सारी दीवारें
द्वार बन गई हैं
पुल झूलता
पीताम्बर की तरह
हवाएँ उदार हैं
छायाएँ—क्षान्त वटवृक्ष की
अभी उड़
ग़ायब हो जाऊँ तो जाऊँ।

ऊँचे धरातल से वह

तुममें सुगन्ध और रंग की
एक बेज़बान नदी बन्द हैं
तुम्हें अगर खिलना
आ जाए
दुर्दिन नस जाए
उपवन का
क्रान्ति उतर सकती है
अगर तुम्हें
खिलना आ जाए
फिर दोहराता हूँ
तुम विस्तृत साम हो

बाँस बेहूदे
अगर कहीं आग दाग़ जाए
मिल पाए छाँह
नील होंठों की
        तुममें वह क्षमता है
        यह बंजर राज्य खरझरीला
        मधुवन बन सकता है।
क़ैद है तुममें
ऐसा आकाश
अनवरुद्ध
कोख
हर सरगम की।

दूसरा पाठ

इस ख़त्म जैसे से खेल को
        खेल ख़त्म होने से पहले ही रोक दो
        यह खेल तुमको खा जाएगा।
मिट्टी गवाह है
तुम जंगल बनने से पहले बीज थे।
अब रक्तभोगी काँटों का कारख़ाना तुम
भूल गए हो,
कोई एक चीज़ आँधी भी होती है
और हर आँधी
जन्म से जवान होती है
(तने तनेवालों को धराशायी करने के वास्ते)

बरसों से दुनिया
एक टूटा हुआ झुनझुना
कोशिश में हो तुम बजने लग जाएगा
मगर जो बना ही टूटा है उसे जोड़ना
कुछ वैसा है जैसे होता कहीं और है
और नाली में गिरा पड़ा लगता है चन्द्रमा

फाँस गड़ रही
तुमको लगता है एक झड़ी और बस
तुम्हारा सरोवर लबालब
भर जाएगा
पानी का लेकिन व्याकरण निराला है
बहे तो ठीक, नहीं सड़ता है
गिरफ़्तार पानी से ज़्यादा शर्मनाक है
घटना तुम्हारे जेल जाने की
तुम्हीं ने रक्खी थी ईंट
गढ़ी दीवारें
तुम्हीं ताला डालकर बैठे हो भीतर सोचते
जल्दी ही दुख का देहान्त हो जाएगा
जैसे वह घायल मरीज़ हो
आदमी सफल हो असफल ग़रीब हो
सबको मलाल है।
सुख का पता रोज़ क्यों बदल जाता है
तुम समझ क्यों नहीं पा रहे
यहाँ जो हो जाता है नहीं भी
होने के साथ ही नहीं भी हो सकता है
फिर भी बेताब दिख रहे हो
तुम एक काली दीवार पर कोयले से अपना
नाम लिख रहे हो
स्वप्न के भीतर स्वप्न

चल रहा है
नीचे दूर-दूर तक गरम दलदल है
इन्द्रधनुष निकला है
झूला पड़ा है
चिड़िया एक उड़ी चली जा रही
            गाती आसमान में
जिसे अपने कफ़न की दूर-दूर तक
            कोई फ़िक्र नहीं
तुम सोचते हो चिड़िया पागल है
झूला तुम्हारे लिए रहे ज़िन्दगी
            चूल्हा औरों के वास्ते
कितना बचकाना तुम्हारा हिसाब है
स्वप्न इसी बीच टूट जाता है।
            यह है वह गणित
अगर ठीक बैठे तब भी उत्तर शून्य आता है।
            नहीं ठीक बैठे
तब भी—

भव रोग

धुआँ, कहीं लौ, कहीं आँच कहीं
कुछ नहीं राख में दबी पड़ी ऊष्मा
            सब तरफ़ तरह-तरह लगी हुई आग से
ख़ुद को गुज़ार लो
            सोना तो होना ही होना है।

देह का इतिहास कहता है।
वैसे इतिहास
बनने के पहले भी हुआ करती थी देह
फिर भी कहने को कहते हैं इतिहास कहता है
इस बन्द पिंजरे में एक मौज़ी
अपनी मर्ज़ी से
ख़ासी बेदर्दी के साथ रहता है
एक-एक तीली ढीली पड़ जाए—
पिचक जाए पिंजरा
इससे पहले, किसी तरह
उसके वहाँ होने का राज़ जान लो
नींद तो आनी ही आनी है।
सीपी पानी में होती है
मोती सीप में
न तुम्हें मोती का पता है अपने गहरे में
न पानी का
खोल पड़ा रह जाए रेत पर
इससे पहले, चूक की क्षमा माँग लो
मार तो खानी ही खानी है।
पृथ्वी भी उतनी
अकेली न होगी आकाश में
जितना अकेले का यह आना-जाना है
बर्फ़ कब बनी नदी बही कब विलीन हुई
सागर का बादल में बदल जाना बता पाना
गुच्छा पहेली सुलझाना है
यहाँ किसी तरह का कोई दावा
अपने ही पैर का अँगूठा पकड़कर
ख़ुद को उठाना
हवा में झुलाना है।

जानकर न मानना
या मानकर न जानना
दोनों भव रोग हैं
इसलिए
कभी, कहीं किसी के भी
आड़े नहीं आने की
कला जान लो
कालिख तो धोनी ही धोनी है
निरंजन तो होना ही होना है।

बँधुआ मज़दूर

अरे तू काहे को रोता है।
यहाँ कुछ ख़त्म नहीं होता
छूट रही नहीं कोई सम्पदा
यों ही बेमतलब क्यों
कीचड़ बिलोता है।

भीतर से बाहर तक
ख़ाली ही ख़ालीपन जग़मग था
आग, हवा, पानी को तरस आ गया
शक्ल पा गया तू
कोशिश किये बिना
जोड़ लिये ठीकरे
छत डाल ली
जहाँ देह तक किसी और की मेहेर हो

डर मरने का बेमानी है।
असल में दोष नहीं दो दीदों का
आदम की नस्ल
तीसरी आँख से कानी है।
रोज़ जाल बुनता है।
सर धुनता तू / देखकर / चौपट
यह धन्धा हड्डी का खाल का
चोला तो लेकिन
बचुआ हमेशा से
बँधुआ मज़दूर है
काल का।

अन्धकूप

कुछ भी तो नहीं है रुका हुआ
न डाँवाडोल यह ज़मीन
न इस ज़मीन पर होती न होती हुई ज़िन्दगी

दिनोंदिन लगातार
मरती इस देह पर
कहाँ-कहाँ पहरा बिठाओगे
भीतर ही भीतर खाता है काल
कंकाल तक को डकार जाता है।

तुम जिसे बचाने की ख़ातिर बेचैन हो
उससे भी पहले ज़रूरी था जानते

कौन हो तुम? आख़िर
इस अन्धकूप में
रही क्या होगी वजह आने की।
जलता है कभी कोई जुगनू
मरी घास पर
अँधेरे में उल्लू उम्मीदों की
आवाजाही है
चाक चल रहा है
जिससे बलबूते पर
मनाही है
उस अग़म कीली की चर्चा चलाने की
जब कि सब तामझाम
सारी तरकीब
होनी ही चाहिए थी धुरी पाने की

तुम हो कि बरसों से एकालाप कर रहे हो
तुम किसी जेल में पड़े-पड़े
इतिहास लिख रहे हो उस सदी का जो
शायद आने ही नहीं वाली है,
साँप चल रहा है
सपने में लथपथ
किसी मोरनी का शव थरथराता है
रुक-रुककर आती है साँस बादल को
बच्चा पहले-पहल घर में ही ठोकर खाता है
तुम चुप संताप कर रहे हो
और एक राख हुए फूल से
कहाँ गई ख़ुशबू की बात कर रहे हो
रोएँदार बीज उड़ा जा रहा
कहाँ? जहाँ हवा ले जाए

मर्ज़ी किसकी यहाँ कहाँ भला चलती है
हर सुबह सबकी सुबह नहीं होती
न रात सब ही की रात
ऋतु है कि फिर भी बदलती है।
किसी तरह बरतो तुम देह को
उसका भी अपना पैमाना है
तुम जिद्द में हो
जाना नहीं कहीं कभी बुढ़ाना ज़रा
कुएँ में महानगर बसाना है
अभी-अभी बचपन था चला गया
कहाँ गया?
दो दिन में मन क्यों उकता गया भोग से
अवाक् हो
क्या पता यह ज़िन्दा रहने की इच्छा के
अन्त की शुरुआत हो
अदबदा कर शायद इसलिए
उलट कर रहे हो, करो मगर
डरो नहीं
या फिर इस क़दर डटो जी-जान से
यह डर परीक्षित हो जाए।

सूफ़ीनामा

घर, कपड़े, नौकरी, शहर बिना बदले
बिना प्रार्थना या उपवास के

तुम जो उतर चले आए हो
फ़ना होने इस समुद्र में
    इसे कोई नाम नहीं देना
    नामों में बड़ा ख़तरा है
उम्र-भर तुम असीमा के वास्ते
सीमा में रह कर रोये हो।
(दुख पैदा ही होता है बंदिश के अहसास से)
उम्र-भर तुम सीमा की पीड़ा में कलपे रोये हो
पाँसा फेंका है
सीढ़ियाँ चढ़े हो
फिर तुम्हें सीढ़ी के पास का साँप खा गया है
हर सीढ़ी के ऊपर साँप है
यह क्योंकि भीतर-भीतर तक साफ़ है
इसीलिए हद तोड़ कर कूद आए हो
स्वागत है

फिर भी इस सब पर गर्व नहीं करना

फ़ख़्र एक दूसरी तरह की ज़लालत है
छाती तक पानी में डूबा आदमी
डूब तभी सकता है
पानी जब क़द से ऊपर हो जाए

तुम्हें अभी साँस आ रही है।
पानी में खड़े हो, आँच दे रहे हो।
तुम याददाश्त के शिकार हो
    आँखों में जल रहीं बस्तियाँ
    पूरी-की-पूरी दुनिया को आटा कर
    एक नई दुनिया गढ़ने का क़स्द किये

यहाँ, वहाँ, पता नहीं कहाँ-कहाँ बारूद फेंकतीं
रोज़ नई हस्तियाँ

ऐसे सब लोगों को तुम आकाश की तरह देखना
हिंसा की उम्र हमेशा कम होती है
इसलिए उनके ख़ूनी इरादों को न टोकना
बड़ी-बड़ी किताबें हैं, बड़े-बड़े हर्फ़ उन किताबों में
बड़े-बड़े वायदे भरे हैं पूरी पृथ्वी पर
नासमझी की एक ही भाषा है और ज़िन्दगी
ऐसा तमाशा
जिससे भाग लेने के वास्ते
जिसमें भाग लेना ज़रूरी है।
तुम भी बिना भाग लिये, भाग लेना
आदमी का खोपड़ा अजीब है
कुछ करो, भरो, ख़ुशी, जीत, यश, बोरे कोहेनूर के
ख़ाली का ख़ाली ही रहता है
अच्छा किया तुमने जीते जी उम्र का मातम मना लिया
तुमने अच्छा किया
यों ग़रीब के घर में बेटा ज़्यादातर बूढ़ा ही पैदा
होता है।
अच्छा किया तुमने वक़्त रहते
सारे संकल्पों का गर्भ ही गिरा दिया
फिर भी इस सब पर ख़ुश नहीं हो जाना
ख़ुशी भी मियादी बुख़ार है
तुम अगर और कहीं कुछ
हो सकते होते तो हो गए होते फिर
यहाँ नहीं होते
इसमें भी उसका शुक्र मानना
आग जले जिस्म का एक ही इलाज है
बिजली गिर जाए

वही धूपबत्ती धन्य होती है
जो अपने को खाए
खाती चली जाए।

समाधि वेला

आँख भी न बन्द हो
और यह दुनिया आँखों से ओझल हो जाए
कुछ ऐसी तरकीब करना
डूबना तो तय है इसलिए, नाव नहीं
नदी पर भरोसा करना
तुम उन लोगों में हो जो
चीख़ से चल कर चुप्पी पर आए हैं
केंचुल की तरह शहर छोड़कर
जंगल से की है दोस्ती
जहाँ दाएँ-बाएँ की बहस नहीं तुम हो
हवाएँ हैं
पत्ता-पत्ता बेतार वाले तार से
यही ख़बर लाता है बार-बार
जिसकी जड़ जितनी गहरी से गहरी है
वह उतनी ऊँचाई चूम पाता है
शहर मगर अब भी, पीछा कर रहा है
तुम परेशान हो
दुकान तो बढ़ा दी तब भी सामान क्यों बिक रहा है

अंसल में तुम्हारी बीमारी दोहरी है

तुमको बुख़ार था और तुम बुख़ार में शराब पीते रहे
जीते रहे ज़िन्दगी उधार की,
और अब भौंचक्के हैरान हो
यह जो तुम्हारे गंधाते शरीर से
कभी-कभी उठती है बनकर सुगन्ध-सी
इतने दिन कहाँ बन्द थी?
ज़रूर कुछ धोखा हुआ है
तुमको लगता है
        यह सब स्वप्न में हुआ है
        जब तक हो नहीं जाए
        जुगनू भी कहाँ मानता है सवेरे को
        असल में तुम गुज़रे
        दौर के अँधेरे से ग्रस्त हो
        और
        यह अँधेरा ख़ासा बुज़ुर्ग है।
तुम्हारे हिसाब से वह आदमी आदमी नहीं
शोर न मचाए जो निःशोक हो
जो सोच की दूरबीन से
घाव गिने पृथ्वी के
दुख की प्रदर्शनी लगाए
इश्तहार दे रोग-जोग का
वह आदमी है विचारशील
वह आदमी है काम का
तुमने सिक्के का यह पहलू अभी-अभी देखा है
जलती नहीं कोई आग बिना ईंधन के
बीज जब मिटता है
अंकुर होता है
अभी-अभी मोर नाचा है गूँजी बाँसुरी
अमृत अभी-अभी बरसा है

अभी-अभी जला है
भीतरी चिराग़
धैर्य धरना
हर जन्म दूसरी तरह का
देहान्त है
हर जीत के आगे-पीछे शिकस्त
इसलिए सफलता से डरना
डूबना तो तय है इसलिए, नाव नहीं, नदी पर
भरोसा करना।

भर्तृहरि

चिड़ियाँ बूढ़ी नहीं होतीं
मरखप जाती हैं जवानी में
ज़्यादा से ज़्यादा छह-सात दिन
तितली को मिलते हैं पंख
इन्हीं दिनों फूलों की चाकरी
फिर अप्रत्याशित
झपट्टा गौरय्या का
एक ही कहानी है
खाने या खाए जाने की
तुम सहवास करो या आलिंगन राख का
भर्तृहरि! देही को फ़र्क़ नहीं पड़ता
और कोई दूसरी पृथ्वी भी नहीं है

भर्तृहरि! यों ही मत खार खाओ शरीर पर
यही यंत्र तुमको यहाँ तक लाया है

भर्तृहरि! यह लो एक अदद दर्पण
चूर-चूर कर दो
प्रतिबिम्बन तब भी होगा ही होगा
भर्तृहरि! अलग से बहाव नहीं कोई
असल में हम ख़ुद ही बहाव हैं
लगातार नष्ट होते अनश्वर
अभी-अभी भूख, पल भर तृप्ति, अभी खाद

भर्तृहरि! हममें हर दिन कुछ मरता है
शेष को बचाए रखने के वास्ते
मौसम बदलता है भीतर
भर्तृहरि! तुमने मरता नहीं देखा प्यासा कोई
वह पैर लेता है, आमादा
पीने को अपना ही ख़ून
भर्तृहरि! तुमने मरुस्थल नहीं देखा।
भर्तृहरि समय का मरुस्थल क्षितिजहीन है
और वहाँ पर 'वहाँ' जैसा कुछ भी नहीं
भर्तृहरि! भाषा की भ्रांति समझो
सूर्य नहीं, हम उदय-अस्त हुआ करते हैं
युगपत् उगते-मुरझते
भर्तृहरि! भाषा का पिछड़ापन समझो
जो भी हैं बन्धन में पशु है
निसर्गत: फ़र्क़ नहीं कोई
राजा और गोभी में
छाया देता है वृक्ष आँख मूँदकर
सुनता है, धड़ पर, चलते आरे की
अर्रर, किस भाषा में रोता है पेड़
भर्तृहरि! तुमने उसकी सिसकी सुनी?

भर्तृहरि! तुम्हीं नहीं, सबको तलाश है
उस फूल की
जो भीतर की ओर खिलता है
भर्तृहरि! लगने जब लगता है
मिला अभी मिला
आ रही है सुगन्ध
दृश्य बदल जाता है।

ध्यान

जब कुछ भी करके भी कुछ नहीं मिलना
राख होना है
जब कुछ न करके भी कुछ नहीं मिलना
राख होना है
तब फिर ध्यान भी क्यों करना?
भिक्खु ने सवाल किया

जो काम तुमसे
पहले भी हो रहे थे
जो काम होते चले जाएँगे
तुम्हारे न होने के बावजूद
वे काम कम से कम तुम्हारे नहीं हो सकते
और
जो काम तुम करना नहीं चाहते
याकि

जिन्हें तुमने करना नहीं चाहा था
लेकिन तुम करते हो
क्योंकि वे तुमसे करवाए जाते हैं
ऐसे सब काम तो
और भी तुम्हारे, नहीं थे, नहीं हैं, न हो सकते हैं
लेकिन वह काम जो
सिर्फ़ न करने से आता है
और जिसे करना नहीं आता करने की कोशिश करने
के कारण लोगों को
वही एक काम है जिसे ध्यान कहते हैं।
ध्यान का मतलब है भिक्खुओ
शीशे में शीशे की, कोराई देखना
अपनी परछाईं, नहीं देखना।

जब तुम्हें पता चलता...

अगर, तुम्हें गर्भ में
यह पता चलता,
जिस घर में तुम होने वाले हो
नमाज़ नहीं पढ़ता
वहाँ कोई यज्ञ होम
कीर्तन नहीं होता
कोई नहीं जाता रविवार को
गिरजाघर या ग्रंथपाठ में
अगर तुम्हें यह पता चलता

पेट के निदाघ और
पर्व के हिसाब से
अधेड़ बाप
कभी बनाता है
रंगीन काग़ज़ के ताज़िये
ईसा का तारा
कभी दुर्गा गणेश
कभी ऊँचाई को थाहते
सिर्फ़ आकाशदीप
नीले हरे जोगिया
अगर तुम्हें यह पता चलता
तब तुम क्या करते
क्या माँ बदलते?

निराकरण

प्रेम में पड़े बिना
प्रेम का बखान,
        अंधे के हाथ हीरा
बहरे को गाना सुनाना है
        अदृश्य से आकर मंच पर
अभिनय
के बाद भी कहानी
        पर्दे के पीछे
रुक नहीं जाती परीक्षित
        हर दृश्य का

उद्‌भव अदृश्य
हर अदृश्य की
        नियति
        उद्‌घाटन
हर सत्ता को विलीन होना
हर विलय
अविदित ज्ञापन है
कल का संसार अभी ओझल
        तब भी
झलक सकता अभी भी
        सो जा परीक्षित
        आँख थक रही है।

■

भविष्य घट रहा है

कोलाहल इतना मलिन
दुख कुछ इतना संगीन हो चुका है
मन होता है
सारा विषपान कर
चुप चला जाऊँ
ध्रुव एकान्त में
        सही नहीं जाती
पृथ्वी-भर मासूम बच्चों
माँओं की बेकल चीख़।

सारे-के-सारे रास्ते
सिर्फ़ दूरियों का मानचित्र थे
रहा भूगोल
उसका अपना ही पुश्तैनी फ़रेब है
कल तक्षशिला आज पेशावर
इसके बाद भेद-ही-भेद
जड़ का शाखाओं से
दाहिनी भुजा का बायीं
कलाई से।
बीसवीं सदी के विशद
पटाक्षेप पर
देख रहा हूँ मैं गिर रही दीवार
पानी की
डूब रहे बड़े-बड़े नाम
कपिल के सांख्य का आख़िरी भोजपत्र
फँसा फड़फड़ा रहा—
अन्त हो रहा या शायद
पुनर्जन्म
पस्त पड़ी क्रान्ति का।

बीसवीं सदी के विशद मंच पर
खड़े जुनून भरे लोग—
जिन नगरों में जन्मे थे
उन्हीं को जला रहे
एक ओर एक लाख मील चल
गिरता हुआ अनलपिंड
और
दूसरी तरफ़ बुलबुला
बुलबुला
इनकार करता है पानी

कहलाने से
बड़ा समझदार हो गया है बुलबुला।

असल में अनिबद्ध था विकल्प
विकल्प ही भविष्य था
भविष्य घट रहा है।
इस क्षणभंगुर संसार में
अमरौती की तलाश भी
जा छिपी राष्ट्रसंघ के
पुस्तकालय में
देश जहाँ प्रेम की पुण्यतिथि मना रहे
ज़िक्र जब आता वंशावलि का
हरिश्चन्द्र की
पारित हो लेता स्थगन् प्रस्ताव
शायद सभी को
अपना भुइँतला ज्ञात है।

बहरों की नगरी में नाद बेहद का
आकाश फट रहा
एक आँखवाले संयंत्र पर
देख रहे बच्चे
अपनी जन्मस्थली
बेपरदा हुई मनुष्यता

भोग के प्रमाणपत्र बाँट रही
खुल रही पहेली दिन-ब-दिन
रहस्य
झिझक रहा फुटपाथ पर पड़ा
अपने पहचान-पत्र के अभाव में

दरिद्रदेवता
पूछ रहा पता
हवालात का
जहाँ उसे अपनी शिनाख़्त की
अनुपस्थिति के सबूत के अभाव में
फाँसी लगेगी...लगनी है
असल में यह अनुपस्थिति का मेला है
ख़त्म हुई चीज़ों की ख़रीद का विज्ञापन
युवा युवतियों को बुला रहा
कि गर्भ की गर्दिश से बचने के
कितने नये ढंग अपना चुकी है
मरती शताब्दी
शोर-शोर सब तरफ़ घनघोर
नेता सब व्यस्त कुरते की लम्बाई बढ़ाने में
स्त्रियाँ
उभराने में वक्ष
किसी को फ़िक्र नहीं सौ करोड़ वाले
इस देश में
कितने करोड़ हैं जो अनाथ हैं
कुत्तों की फूलों में कोई रुचि नहीं
न मछलियों का छुटकारा
अपनी दुर्गन्ध से
यों सारी उम्र रहीं पानी में।
कैसे मैं पी लूँ सारा विष
विलय से पहले
मुझ नगण्य के लिए यह
पेचीदा सवाल है।
सब फेंके दे रही सभ्यता
धरती की कोख

दिन-ब-दिन ख़ाली
पानी हवा आकाश
हरियाली धूप
धीरे-धीरे
बढ़ती चली जा रही
कंगाली सब्र की
समझ क़ैद
बड़बोले बोलों की कारा में
त्वरा के चक्कर में
सब इन्तज़ार हो गया है
काल को पछाड़कर
तेज़ रफ़्तार से
सब-कुछ होते हुए
होना
बदल गया है
समृद्धि के अकाल में

अस्ति से परास्त
विभवग्रस्त आदमी
एक-एक कर
फेंककर
सारी सम्पदा
क्या पृथ्वी भी
फेंक देगा?

मेरे समक्ष यह
संजीदा सवाल है
ठीक है कि सूर्य बुझनहार धूनी है
किसी अवधूत की
अविद्या-विद्यमान को ही

शाश्वत मानना
ठीक है कि हस्ती
एक झूठा हंगामा है
हर प्रतीक्षा का
गुणनफल
सिराना चुक
जाना है।
तब भी निष्ठा
उकसाती मुझे
सब कुछ को रोक देना
ज़रूरी है
भूलकर अपनी अवस्था।

चिड़ियों से फूलों से
पेड़ से हवा से
कहना चाहिए
भीतर से बाहर का तालमेल
नाव-नदी-संयोग
के बावजूद
बना अगर रहा न्यूनतम भी
बिसरा सरगम
किसी ताल में
होकर निबद्ध फिर
फिर उतर
आएगा।
पृथ्वी बच जाएगी
मैं रहूँ नहीं रहूँ
फ़र्क़ क्या।

मंडी में

अनाज की मंडी में
जब फेंके जा रहे थे
बोरे
गेहूँ चना अरहर की दाल के
        मैंने देखा एक बूढ़े कंकाल को
        जल्दी
        गिरे दाने बीनते।
मन ही मन मैंने प्रणाम किया
आज के युग के कणाद को।

रसखानि की समाधि पर

हरियाली पता नहीं कब की
कहाँ जा चुकी
सब तरफ़ ठंड, धूल, धुंध
महावन में
केका शुकसारिका
        और पता नहीं
किन-किन गानवती चिड़ियों को
ले गए फाँसकर
चिड़ीमार

कौन से कगार
किस यमुना के?

जले तेल की चिकनाई
मल, सड़े फूल
थमा एक...क्षयग्रस्त, भरा नाला
डूब तक मरने के अयोग्य
जर्जर जिस्म को
ढकने की कोशिश में
थिगड़िल दुत्कार खाती
रिरियाती
विधवाओं की
बेशुमार भीड़
कहाँ गोपियाँ
गली-गली
कचरा खाती रँभाती
कमज़ोर पैरों पर न चल पातीं
न गिर
गायें और गिरि?
उसके तो पाहन
बन चुके काले धन-पशुओं के
महल
सब तरफ़ चर्बी चढ़े
सुअर, पंडे
दूर-दूर तक न कहीं वंशी
न ग्वाल
सिर्फ़ भद्दी आवाज़ों का भोंपू
कान खाता
गिरे कि अब गिरे घर

भरे दूरदर्शन के
रंगीन अन्धकार से
रसखानि
सच-सच बोलना
क्या तुम अब भी
चाहोगे यहाँ
दोबारा जन्मना?

मरी घास पर तीतर

अरावली कट रही
कट रहे पन्ने इतिहास के
ग़ायब हुई जा रही
अरावली
मशीनों के जबड़े
पचाकर अरावली का चूर
भर रहे घर
नगर बन रहे
बीच के कुंड और
हरा आसपास
अब कहाँ
वहाँ
सिर्फ़ मरी घास

न कहीं प्रताप किसी राणा का
न वन न बिलाव
सिर्फ़ दो तीतर
            आख़िरी
भूखे डरे-डरे
रह-रहकर होते विस्फोट से

फ़िरोज़ाबाद

चूड़ी बनाने के कारख़ाने में
सैकड़ों बच्चे
दह-दह दहकती
भट्टियों के समीप
            टकटकी लगाए
इन्तज़ार करते हैं
काँच के गोले के लाल होने का
ये हज़ार नन्ही हथेलियाँ
जिनके दिन थे लेटकर
परीलोक की सैर करने के
निंदियारी आँखों से स्वप्न-जगत् की
शहज़ादी से मिलने के
            कठियाए बैठे हैं

आँच और धू-धू
भविष्य घट रहा है
जलती इच्छाओं की लपटों के
सामने
आहत चुपचाप
वक़्त के कोड़े की मार से
सुछालित
बच्चे उदासीन हैं

किन बाज़ारों में जाएँगी चूड़ियाँ
पिघले हुए काँच को छोटे-बड़े
साँचों में ढालकर
अपने पसीने की नदी में नहाए
बच्चे याद करते हैं
रही या नहीं रही माँ
के आलिंगन की।
बच्चों को नहीं पता चूड़ियाँ
कल किन कलाइयों को गोल घेरकर
रचेंगी कैसा सौन्दर्य ग्रंथ
सुहागिन कहलाएँगी
बच्चों को यह भी नहीं पता
चूड़ियाँ—
चाव से चढ़कर कलाई में
कई बार
जबरन तोड़ी भी
जाती हैं।

उद्भावना

प्रकृति अगर चुनने देती मुझे देश और कोख
क्या बना होता मैं?
नहीं ठीक-ठीक ज्ञात स्रोत वाल्मीकि का
तब क्या मैं सत्यवती की कोख चुनता?
धीवर की कन्या के साथ जो
कुछ भी किया ऋषि पराशर ने
उसका नतीजा मैं क्यों भुगतता?
लाओत्सु मुझे विचलित करता है
भरा-भरा कहकर ख़ालीपन को
गिनती के गीत गा
निकल गया लाओत्सु द्वारहीन द्वार से
और एक मैं हूँ बजाए चला जा रहा
बहरों की नगरी में बाँसुरी।
भीड़ से बचकर जो राजपुत्र
भाग लिए जंगल में समय पूर्व
जन जनार्दन पर निसार मैं
क्या कहूँ उनको,
ऐसा संन्यास
आक्रमण है अपने आप पर
मैं वैसा वार शायद ही करता।
तब क्या यूनान में
सुकरात बनकर मैं जन्मता?
जिसने अपनी ख़बर लेने का सबक दिया
हर बेख़बर को
पीकर ज़हर ज़िद में
कालजयी होना भी होना क्या?

क्योंकि वह कवियों के ख़िलाफ़ था
अपने आदर्श राज्य के अवस्थान में
जबकि अपने लिए चिता तक कविता है
अफ़लातून शायद मैं मरकर भी न बनता।
क्या फिर यहूदी माँ चुनता मैं?
ईसा की तरह
'मेरी' के साथ क्वाँरी विशेषण है तो क्या
माँ तो थी ही थी मेरी भी
रहा सलीब, कब से उसे ढो नहीं रहे लोग
पृथ्वी पर।
अद्वैत सिद्धि के लिए हो सकता है मैं
केरल में जन्मना पसन्द करता
तो भी, माँ के शव को काटकर
क्या मैं ले जा पाता श्मशान में?
नगर नाम और भी बहुतेरे हो सकते हैं
इक्कीसवीं सदी की शुरुआत पर
सोच-सोचकर बेहाल हूँ
कहाँ जन्मता मैं कि होने की तृष्णा
हो जाती निरबंसिया।

नवक्रान्ति

तुम अगर परिवर्तन के
पक्षधर हो
मिट्टी से शुरू करना

जो बाँझ हो रही है।
धान से शुरू करना
जो गोरे पंजों के
चंगुल में जा रहा।
वृक्षों से शुरू करना
जिनका वध हो रहा है बेरहमी से।
वायु से शुरू करना जिसका
दम घुटा जा रहा।
नदियों से शुरू करना
जिनका यौवन रोज़ लुट रहा
यही सब तो हो तुम
अपनी जड़ों की पड़ताल के बिना
क्रान्ति कहाँ?

गेहूँ

ओ मेरे जन्मदाता
मैं हरा गेहूँ
दूध भरा
मेरी यह विनती है
जब मैं पक जाऊँ
और बने रोटी
यह मेरी काया
मैं किसी शराबी

अघाए अय्याश की
आँत में न जाऊँ
किसी फटेहाल थके
पेट की
जलती भट्टी में
स्वाहा होता हुआ
तृप्ति की
धुन गुनगुनाऊँ
वही मोक्ष सही
मोक्ष होगा
मेरे सुनहरे विकास का।

आर्य

वह कपड़े धोती है
धान उगाती
मीलों दूर से पानी लाती है।
चारा देती है
गायों को
चरखा चलाती है।
वह ख़ानों
कारख़ानों में जाती है
कोयला रेत ढोने
नौकरी करके

हाथ बँटाती
हर सुख-दुख में सबका
फिर ब्याह दी जाती है
अजनबी घर में
अजनबियों के बीच
मार दी जाती है।
आँकड़े बताते हैं
पिछले वर्षों में
हमने पचीस लाख बहुएँ जलाई हैं
आप ही तय करें
हम आर्य हैं या कसाई।

गैया

तुम्हारी हरियाली
हथिया ली हमने
छोड़ दिया तुमको सड़कों पर
कूड़ा, अख़बार, प्लास्टिक चबाने को
चूस लिया गोरस तुम्हारा,
वत्स काम आ गया
क्रोम का जूता बनाने में
जीभ के ग़ुलाम हम
स्वाद के वास्ते या मारे लोभ के
वारा, न्यारा कर आए तुम्हारा

किसी क़त्लगाह में आधी रात को
हमको अफ़सोस है
आज तक कोई उपयोग न कर पाए हम
तुम्हारी चुप चीख़ का,
हमें माफ़ करना माँ
बाज़ार में आह का
कोई मूल्य नहीं।

डी 203

जहाँ मैं रहता हूँ
उस घर का एक नम्बर है
नाम लिखकर
नहीं टाँगा
क्या पता कल सुबह
चार लोग आएँ
और उठाकर मुझे फूँक आएँ
घर तो तय है
न उन्हें
रोकेगा आने से
न मुझे जाने से।

विनय राग

याद कर
मानसर
हंस रे
पंख भर!

कम नहीं यह सफ़र
कम नहीं यह डगर
दूर नीलम नगर
चल न पल भर
ठहर।
मत सिहर
यों न डर
हंस रे
पंख भर।

तैर कर पार कर
डूब कर पार कर
साथ दे भी
नगर
यह भँवर
यह लहर
क्या फ़िकर
चल उतर
हंस रे
पंख भर!

मधुमेह

एक ऐसी बरसात
जो भीतर ही भीतर झरती है।
लगातार
फ़सल फलती नहीं
मरती है।

बलि प्रसंग

मैं आपके मतभेद से
बुरी तरह सहमत हूँ
नाम-वाम पूछकर क्या
करेंगे
बलि का बकरा हूँ मैं
जनमत हूँ।

लय

ऐसा कुछ भी नहीं ज़िन्दगी में
कि जाने वाली

अर्थी पर रोया जाए

काँटों बीच पली डाली पर कल
जागी थी जो कोमल चिनगारी
वह कब उगी, खिली, कब मुरझाई
याद न यह
रख पाई फुलवारी
ओ समाधि पर धूप धुआँ सुलगाने वाले
सुन!
ऐसा कुछ भी नहीं बंदगी में
कि सारा युग खँडहरों में खोया जाए।

चाहे मन में हो या राहों में
हर अँधियारा भाई-भाई है
मंडप मरघट जहाँ कहीं छाएँ
सब किरनों में सम गोराई है
पर चन्दा को
मन के दाग़ दिखाने वाले सुन
ऐसा कुछ भी नहीं चाँदनी में
कि जलता मस्तक शबनम से धोया जाए।

साँप नहीं मरता अपने विष से
फिर मन की पीड़ाओं का डर क्या
जब धरती पर ही
सोना है तो
गाँव, नगर, घर, भीतर, बाहर क्या

प्यार बिना दुनिया को

नरक
बताने वाले सुन
ऐसा कुछ भी नहीं कल्पना में
कि, भूखा रहकर
फूलों पर
सोया जाए।

नींद में हादसा

गर्भाशय
पटरानी का हो
या नौकरानी का
एक-सी सुविधा उपलब्ध
बीज को
नहीं कहीं कोई छल छन्द
कपट, झूठ या दुराव।
दिक़्क़त तो पैदा होती तब,
नवजात के
बाहर आते ही
अलग-अलग क़िस्म के
बेहद बेहूदे धर्म वर्ग वर्णभेद
भेदभाव।

वाह री तृष्णा!

दोनों ने नाम बदल डाले थे

वैसे वे दोनों नरेश थे
पास-पास वाले रजवाड़ों के
प्रव्रज्या ले ली थी दोनों ने
बौद्ध हो गए थे
फिर दोनों मिले अकस्मात
किसी गाँव के बाहर
दोनों ने
मिलकर बना ली थी झोपड़ी
गाँव के लोग
भात दे जाते नमक भी कभी-कभी
रास आ रहा था दोनों को
ध्यान का मज़ा ही कुछ और होता है

गाँव के लोग
आहार लाते
नमक कभी लाते कभी भूल भी जाते
एक दिन वही हुआ भात आया
सिर्फ़ बँधा पत्ते में नमक नहीं आया

कम वय वाले भिक्खु ने
हाथ उठाकर ऊपर छप्पर टटोहते
पूछा, अधिक वय वाले भिक्खु से
नमक लेंगे?

वृद्ध भिक्खु ने कहा, आज तो
भात के साथ
नमक लाये ही नहीं गाँव वाले!

'कल नमक ज़्यादा आ गया था
वही बचाकर रख लिया'
कम वय वाले भिक्खु ने उत्तर दिया।

हँसा वृद्ध भिक्खु :

सौ योजन का राज्य छोड़कर
तूने प्रव्रज्या ली
फिर भी चुटकी भर नमक की पुड़िया
बचा ही ली

वाह री तृष्णा!

बुद्धत्व और बुढ़िया

एक बार दूध से भरा भगौना लिये, एक बुढ़िया
बुद्ध के पास आई
बोली—'मैं मधुकरी तब दूँगी जब तक यह पता न चले तू

क्या निब्बान-निब्बान का पाठ पढ़ाता रहता है।'
बुद्ध ने हँसकर कहा—'यह पात्र दूध भरा वापस ले जा तू।'
'वापस ले जाऊँ? क्यों? जवाब दे!'
बुद्ध ने कहा—'इसे चूल्हे पर चढ़ा देना।' बुढ़िया ने कहा तब
'तब?'
'क्या होगा—दूध उबलेगा।'
'फिर क्या होगा जानती है?' बुद्ध ने सवाल किया
'ख़ूब जानती हूँ, फिर मैं इसे उतारकर, इसके ठंडाने की राह
देखूँगी।'
बुद्ध ने पूछा—'फिर?'
'फिर क्या? मैं इसमें जामन डालूँगी।'
बुद्ध ने पूछा—'फिर?'
'फिर यह जमकर दही बन जाएगा।'
बुद्ध ने फिर पूछा—'फिर?'
'फिर मैं इसे मथूँगी मथानी से।'
'फिर क्या होगा?' बुद्ध ने सवाल किया।
'फिर सारे घरवाले मक्खन खाएँगे।'
'तुझे यह सब करते हुए कितने बरस हुए?' बुद्ध ने सवाल किया
'जब से ब्याह कर आई तब से।'
'ऊब नहीं लगती?' बुद्ध ने फिर पूछा।
'लगती तो है मगर..। ' बुढ़िया थोड़ा लड़खड़ा कर बोली।
'अगर मैं कहूँ तू सारा मक्खन आग में डाल दे!'
अब वह बुढ़िया घबराई :
'हाय दैया! तब तो लपटें उठेंगी चूल्हे से और चिनगारियाँ'
'वे तो ऊपर तक जाएँगी'
'क्या तू जानना चाहेगी चिनगारी कहाँ गई?'
'वह तो ऊपर जाकर ओझल हो जाएगी'
'अगियारी भट्टी से छलाँग मारकर चिनगारी का ओझल हो जाना
यही निर्वाण है।'

वह बुढ़िया उसी वक़्त
वहीं बौद्ध हो गई।

भारती

तुम हाथीदाँत की मीनार में
बैठे
इस पूरी सृष्टि को
झूठा कहने वाले कौन हो?

शपथ लो कि तुम नहीं जनमे थे माँ की कोख से
आकाश से गिरे थे धरती पर।
शपथ लो कि तुम अनासक्त हो
भूख और प्यास के
दुर्निवार जाल से
शपथ लो कि तुमने निद्रा का
दाह-संस्कार कर डाला है।

शपथ लो कि तुमने अहंग्रस्त अनुभव से
काम के
अनबुझनशील ताप को ढाँप दिया
है बर्फ़िल चट्टान से
शपथ लो कि तुम स्वप्नदोष से
अपरिचित हो
शपथ लो कि तुम

हड्डी-मांस का जोड़ नहीं
या
चलता-फिरता झुनझुना श्वास का
तुम
केवल आभास हो।
अगर तुम्हें सचमुच कुछ आता है
मुझको समझाओ
क्या नारी-देह में
कोई अतिरिक्त रन्ध्र होता है?

और क्या है उसकी विशेषता?
उत्तर दो
क्या अन्तर है गौरी, किशोरी में
क्या अर्थ
होता है होने का
रजस्वला।

आधी आबादी से अनभिज्ञ तुम
तुम्हें क्या पता
क्या होती है
सुहागरात
सहवास में गुँथे दो बदन
बेख़बर। बेसुध
देशकाल से
खो कहाँ गए होते हैं
किस लोक में।
वहाँ जो विस्फोट होता
गर्भलोक में
तुम्हारा अद्वैत पहले पहल

वहाँ घटित होता
बन्द हो जाता द्वार
सृष्टि फलवती होने के उपक्रम में
रचने लग जाती नई काया नया रूप
माया का फटा ढोल यहीं फेंककर
ओ अधकचरे आचार्य!
पहले मँजीरा तो बजाना
सीख आओ
रतिरानी का!

दशाश्वमेध घाट पर

यह बूढ़ा जो है पड़ा
काशी-करवट लिये
मरने के इन्तज़ार में
लालच का मारा है
लगा मुझको।
स्वर्ग का स्वप्न लिए
अपनी चुँधियाई आँखों में
यह जो घाट पर नहाने आई
है गंगा में
सोचकर
भवसागर तर जाएगी
क्यों भला मानेगी तब

तो गंगा के मेढक
जन्मजात भागी हैं मोक्ष के
यह पंडा जो माला फेर रहा, सीढ़ी
पर बैठा घाट की
इसकी निगाहों में ययाति वाला मनोरथ है।

धृतराष्ट्र

अनहुआ होता नहीं
और कुछ होने का वक़्त भी नहीं रहा।
संजय! तुम मुझको जल मरने के लिए
छोड़ दो।
संजय! बहुत कुछ ऐसा है
जो मुझे देर बाद कौंधा
मसलन
साज़िश थी यह युक्ति कृपाचार्य की
(द्रोण की नियुक्ति)
संजय! यों कौन है
ऐसा सम्राट अन्धा नहीं होता जो
मैं तो फिर भी जन्मान्ध था।
मुझको यह पता तक नहीं चला
अँगूठा क्योंकर कटवा लिया
गुरुद्रोण ने एकलव्य का
मैं तो जन्मान्ध था

गान्धारी ने भी पट्टी बाँध ली आँखों पर
संजय! राजा हो रंक
बच्चों के बारे में

सारे अभिभावक अन्धे ही होते हैं
दुनिया कहेगी
मैं भी आ गया आ ही गया
मोह की गिरफ़्त में
सच मानो संजय, मैं वैसा नहीं था।
संजय! मैं भीतर से रोया भी करता था।

जिस दिन नादानी में
पानी में फेंक दिया विष देकर
सुयोधन ने भीम को,
मैंने धिक्कारा था अपनी सन्तान को।
आदत बन जाना पाप का स्वभाव है।

संजय! मैं भी अभ्यस्त हो गया
कुढ़न का कषाय का!
अक्सर विदुर मुझे समझाता :
राजा का जैसा भी आचरण होता
प्रजा भी वैसा करने लग जाती
'वंश नष्ट होने से बचाओ
धृतराष्ट्र
मोह के मलबे से बाहर आओ।'

बैठा सिंहासन पर
क्यों भला सुनता मैं बात
दासी के पुत्र की।

संजय! विदुर की
एक-एक बात मुझे याद है।
नींद क्यों उड़ गई है मेरी
क्या मैं करूँ कि मुझे चैन आए
हल्की सी झपकी ही सही
आए तो?
क्या मैं करूँ विदुर कुछ तो करो
पूर्व इसके कि छाती फट जाए।

कृष्ण का क्षमादान

तुम इसे मेरा अन्तिम सुझाव
मानकर याद रखना
क्षमा बड़ी विरल घटना है

मैं स्वयं असहनशीलों का मारा हूँ
फिर भी दोहराता हूँ :

न कोई माँ असहनशील होती

न सूर्य कभी धूर्त/साधु में भेद करता

विवशता है सूर्य की विशेषता
बादल ने कब कहा मैं
सिर्फ़ दीनों पर बरसूँगा

क्षमा का कोई सम्प्रदाय नहीं
क्षमा वैयक्तिक उपचार है
जाति, सम्प्रदाय, सब घोर विरोधी हैं क्षमादान के

एक अनुकम्पा की छाया में खिला फूल है
दूसरा—उदारता बालि की
असल में क्षमा ध्रुवतारा है

बनीं मिटीं सैकड़ों आकाशगंगाएँ
जले टकराए अनगिन धूमकेतु
फिर भी क्षमा का स्वभाव नहीं बदला
उसी क्षमा से स्पन्दित मैं क्षमा कर
क्षमा माँगता हूँ पहले कभी छिपकर
मैंने तुम्हें मारा, अब देता हूँ वर
जाओ मौज़ करो
आनन्द लोक में।

गा रे मन मौलाना

सब अपने हैं अपने हैं सब
कोई नहीं बिराना
गा रे मन मौलाना।
आया कौन यहाँ अपने से
और किसे कब जाना

गा रे मन मौलाना।

कोरी थी तसवीर
रही होगी कोई मजबूरी
चाहा लाख नहीं ही
रख पाई रंगों से दूरी
भरा-भरा है रंगों से
मिलकर
हर कोना-कोना
एक हुई अनहोनी सबका
होना और न होना

सबके संग मिलकर
सुख दुख में
सबका साथ निभाना
कोई नहीं बिराना
गा रे मन मौलाना।

राख

राख के अलावा कुछ रहा नहीं होने को
अब हम किसको हिसाब दें
इस धुन्धकारी तबाही का
इक्कीसवीं सदी की शुरुआत पर

जब चित पड़ी हर कारीगरी
हँस गीत गा रही विकास का
कौन बताएगा, कौन-सी नदी कहाँ डूब मरी

गए तो कहाँ गए गरुड़ गगन छोड़कर
बर्फ़ और चीड़ ही नहीं
पत्थर तक चर गई पूँजी मुई

धरती में बन्द एक बीज सोचता
क्या होगा उगकर
जब बाँझ ही जन्म लेना है
अगली सन्तान को।

बूढ़ा बहुत बूढ़ा एक काक
 कह रहा
अवाक् बची चिड़ियों से—

एक वक़्त ऐसा भी था आर्यावर्त में
शोक जब श्लोक
मेघदूत बन जाया करता था

देह-दाह कर लेता था कोई कुमारिल ग्लानिग्रस्त
और लहर ताल से उठा जलबबूला
 धुन गुनगुनाया करता था अनहद की
पर अब तो सब गड्ड-मड्ड-खड्ड में आदमी
भाषा अनाथ
समय दह-दह सलाख

सज़्यता लाँघी लकीर हो गई है
फिर भी अच्छा लगता है
वज्र अन्धकार में
देख सुनकर
            अब भी वहीं टँका ध्रुवतारा
दोहरा रहा
धैर्य धरो
            विलयन ज़रूरी है
            नई सृष्टि ज़माने के लिए!

ग़ायब गौरय्या

जब से गौरय्या ग़ायब हुई
मन बुझा-बुझा रहा

            पत्ते तो आए आँगन की बेल पर
            आधे मरे
            झरने को तैयार जन्म से
                        साल-दर-साल
            कानों में घर का सन्नाटा
                        बजता रहा
एक दिन
एक मादा फुलचुग्गी ने
तिनके लाने शुरू किए

नीले रंग वाले नर ने
झरे हुए पंख
नुकीली तीलियाँ
और भी पता नहीं क्या-क्या
लाकर बुनना शुरू किया घोंसला
मैं देखता रहा दोनों की हाड़-तोड़
मेहनत और हौसला
अभिभूत कर गया
अंडे दिए फुलचुग्गी ने
बारी-बारी से दोनों आते
सेते अंडों को
आँगन में जाना तक दूभर हो गया
उनकी नाराज़ चिड़चिड़ाहट से
समझ पड़ा
आतंक के भी बेशुमार चेहरे हैं
एक दिन कौवे की काँव-काँव सुन पड़ी
मैंने एक बाँस से
हड़काया कौवे को
'ईश्वर बनने की कोशिश नहीं करो'
रोका घरवाली ने
'रखवाली आती है करनी
एक-एक जीव को अपनी सन्तान की'

दोपहर बाद
जाना पड़ा हम दोनों को
दुख बँटाने विधवा पड़ोसिन का
जवान बेटा
मरा पड़ा मिला था
पास के नाले में

प्रेम प्रकरण के कीचड़ में सना

शाम को ताला जब खोला
            लौटकर
घोंसला नुचा पड़ा था ज़मीन पर
            और ईश्वर
ऊपर कहीं
            काँव-काँव कर रहा था।

डर

डर से बेख़बर कोई नहीं
क्योंकि डर कोई ख़बर नहीं
मज़हब की एक सिफ़त यह भी है
उस जैसा
कोई ज़हर नहीं।

धरती माँ

हमने तुम्हें इतना निचोड़ा
कहीं का न छोड़ा

हमें माफ़ करना धरती माँ
कई बार कोख़ से
कुलघाती भी
जन्म लेते हैं।

देखा है!

मरने के डर से करते चले जाते हैं स्थगित
लोग वर्तमान को
मैंने सिर्फ़ बदले हैं शहर और घर
और फूँका है अपने सामान को!
क्योंकि अर्थ देता हूँ
इसीलिए सारा अहसास है
वरना ख़ुशी और ऊब सब कुछ बकवास है
मैं जानता हूँ
कोई भी व्यवस्था कहीं नहीं ले जाती
सिर्फ़ आदमी को नंगा भर करती है
कार्निस पर बैठी लंगड़ी गौरय्या
भयभीत देखती है
मुझे हँसी आती है
भूखी बिस्तुइया
बर्र पकड़ने को आगे खिसकती है
मैं और बर्र और गौरय्या

और छिपकली
सबके बीच कहीं एका है
मुझको अफ़सोस है मैंने इस दुनिया
को नंगा होते हुए
देखा है!

मरना-मारना

वह जो अच्छा है
हमने सिद्धान्ततः
महारत हासिल कर ली है
उसे मारने में
हमने गांधी को मारा,
हमने ईसा को मारा
हमने सुकरात को मारा
रहा ईश्वर—उसे तो हम दिन-रात
बात-बात पर मारते रहते हैं
यह अलग बात है कि
वह मरता ही नहीं
हम ही मरते चले जाते हैं!

सहप्रयास

अकेला तो ईश्वर भी नहीं रमा
घबरा कर उसने अपनी सृष्टि की
अभ्यास करो
अपनों में घुल-मिल कर होने का

मुश्किल भी उतनी मुश्किल नहीं रहती
सहप्रयास से
अकेला दाँत कौर नहीं तोड़ता
अकेली पड़ जाए तो चींटी मर जाती है।

लोई

बाहर पीपल के नीचे
संत समाग़म चल रहा था
कबीर गा रहे थे अनहद के बोल
गुन ढाई आखर के।
और तभी भीतर से
टेरा लोई ने
रसोई तैयार है
सब संतों!
जीम लो आकर के

एकाएक बुझती धूनी से
चिटखी चिनगारी ने
कटाक्ष किया
यहाँ सभी दास हैं
दाल-भात के!

सम्पदा

मैं ही था मेरी सम्पदा
मैं ही दीवालिया हो गया।

मिट्टी

मिट्टी तो किसी की नहीं
तुम अपनी मर्ज़ी से कुछ भी कहते रहो
घर मेरा दर मेरा देस
सब सतही है
गिरती, लुढ़कती, फँसी

अपनी ही कक्षा में
पृथ्वी तो किसी की नहीं

बिलकुल अदृश्य और बेभान
रोएँ की तरह तुम उगते हो
धरती के गर्भ में छिपे कारख़ाने से
रोते-चिल्लाते
हवा की धौंकनी चल पड़ती है
तार उगलते हो तुम अरुनाभ की तरह
चक्कर-दर-चक्कर
जाल बुनते हो
शिकार की तलाश में ख़ुद खाये जाने का
सिलसिला चलता चला जाता है
होती नहीं जीत मेघ आते हैं
होकर दीवालिया जाते हैं मेघ
वहाँ कुछ करो नहीं करो
होती ही चलती है यात्रा
पहियाए पैरों वाले तुम धूम धाँय दागते
तुमको लगता है तुम बड़े उदात्त हो लगे
महाकारज में

हर पदाभिमानी को यही रोग है
तभी तो विरोध में खड़े हो तुम
जिसकी गोद में पड़े हो
गर्म तवे पर जैसे पानी की बूँद
या बर्फ़ की सिल में
पथराया बन्द बुलबुला
कुल इतना भर वजूद है

तब भी तुम खोद रहे खन्दकें
कीचड़ में गाड़ रहे झंडियाँ
हर दूरी से दूर, दूरी तक
फैले इस नीले मैदान का
क्या लेना-देना
तुम्हारी इस ख़ालिस मूढ़ माँग से

ध्यान करो :
ऐसा सपना देखा था
मोची के बेटे ने भी
उसे कहते हैं भूत युद्धता का सवार था

वहाँ गए? क्या हुआ?
उन तमाम हिटलर चंगेजों का
खाद क्यों हो गए बेहिसाब
ख़ून बहाकर बेगुनाहों का

जिस तरह
बहती ही नदी
नदी होती है
गन्दी या पाक नहीं होती
सब मिट्टी
बस मिट्टी होती है।

गीत

जग सुने न इतना धीरे गा!
चुपचाप सुलग बाहर मत आ!
कब किसका दर्द बटाया है कोलाहल ने!
यह कहा पपीहे से संन्यासी बादल ने

माथे की सोई रेख जगाना मुश्किल है,
इस मिट्टी के अहसान चुकाना मुश्किल है
बीमार कल्पनाओं का शव ढोने वाले
ज़िन्दगी सब जगह कटु है असरल बोझिल है
चाहों का रेशम तार न बुन
कुछ गुनना है तो भीतर गुन
कब शशि छू पाया क्षणिक ज्वार की हलचल ने
यह कहा आँसुओं से अधगीले काजल ने

हर धुआँ कहानी है कि जला होगा कोई
पद-चिह्न निशानी है कि चला होगा कोई
पर कितनों को है ज्ञात कि रेगिस्तानों में
जो सूख गईं वह नदियाँ कहीं नहीं खोई
बस समय सभी कुछ करता है
क्षण हर क्षण जीता-मरता है
कब किसे नहीं ठुकराया ठोस धरातल ने
यह कहा किसी घायल से टूटी पायल ने

यों नया-नया काँटा भी कोमल होता है
पर विगत चुभन की सुधि से ही जग रोता है
जब भला-बुरा सब आँका जाता है इति से

फिर तू ही क्यों अनबींधे स्वप्न सँजोता है
आँधी आती है आने दे
मन बुझता है बुझ जाने दे
कब ढला सूर्य लौटाया है अस्ताचल ने
यह कहा किसी मरणोन्मुख से गंगाजल ने

आत्मकथ्य-1

एक नहीं दो नहीं कई शहरों में रह चुका
अब जहाँ हूँ मैं
पैर और पहियों पर भागती राजधानी
के धुर दक्षिण में,
सन्नाटा पीता हुआ
कमज़ोर नज़रों से,
जो खो गया है
उसे खोजता था भी क्या पाने को?
क्या नहीं किया, घर पर घर बदले
प्रेम किया विवाह किया,
घर बनाया और कविताएँ लिखता चला गया
फिर भी सब ख़ाली लगता है
अगर मुझे निर्णय ही लेना था
तो अपने आपको तिनके की तरह फेंक देना था
हवा के भरोसे पर कुछ भी करने-कराने से
छुट्टी पाने की
कुछ नहीं होता फोड़ा चीरने-चिराने में

कोड़ा हर हाल में अपने पर पड़ता है
अस्तित्व सड़ता है
यह अलग बात है
भीतर का आकाश फिर भी नहीं भरता।

आत्मकथ्य-2

मैं कैलाश वाजपेयी
हिन्दी कविता का झिलमिल हस्ताक्षर
दिन-ब-दिन घटती साँसों से बाख़बर
वर्षों पहले जिस घर में मैं जन्मा था
वह घर अब वहाँ नहीं है
जिस नदी के तट पर मेरा बचपन बीता
प्रदूषण खा गया उसकी नीलाई

पचहत्तर से ज़्यादा पतझर झेल चुकी
मेरी यह काया
सारी-सारी रात नींद को तरसती है
यादों के घन घन्नाते हैं
बिजली की तरह कौंध जाते हैं
ढेर सारे नाम
महाकवि निराला, सुकवि संत पंत
माँ-सी महादेवी,
दिनकर, बच्चन, नागार्जुन
मितभाषी अज्ञेय

हँसती आँखों वाले डॉ. माचवे
और सीढ़ियों पर धूप में दमकते
खो गए रघुवीर सहाय खो गए
सभी शब्द-साधक, मनीषी, वरद पुत्र
सरस्वती माँ के,
स्नेह दिया, छाँह दी,
जिन्होंने नई पौध को
कहाँ चले गए,
एक नितान्त असहनीय निर्वात छोड़कर।